快樂學華語

僑教雙週刊快樂學華語合輯書 第二冊

指導：葉德明教授
撰寫：陳懷萱老師
盧翠英老師

中華民國僑務委員會
Overseas Compatriot Affairs Commission,R.O.C.(Taiwan)

中華民國一百年一月出版

序　言

海外僑教推展攸關文化扎根與傳承工作，本會為服務海外僑民，提供內容豐富之文教資源，自民國74年起出版「僑教雙週刊」及系列叢書，內容涵蓋語文、歷史、藝術、文化等教學內容。隨著網路科技發展，數位學習成為華語文教育新趨勢之同時，本會自民國88年起更增製網路版教材，以結合臺灣優質華語文教學內涵與先進資訊科技，期以更加生動、活潑及多樣化之教學資源服務海外僑胞。

隨著華語文全球化趨勢及美國AP華語文計畫的全面開展，為提供更完整之AP教學資源，本會特於民國96年將深受海外喜愛及肯定之「快樂學華語」專刊第515期至526期集結成冊，設定以k3-k6之小學生年齡層為學習對象，專輯以家庭成員、電話禮貌、飲食、數字、動物、器具等日常生活使用的語言為核心，內容生動活潑，推出以來甚受喜愛。為呼應海外需求，特再次收錄第551期至562期共12單元，以k5-k6程度之小學生為對象，編製「快樂學華語」(二)；第二輯內容以個人生活層面為主，包括「我學過書法」、「我的志願」等單元，並以對話、句型、動腦時間及實物閱讀等單元呈現，藉由循序漸進之引導學習，提升華語聽、說、讀、寫全方位能力，期能達到第二語言學習之具體目標。

「快樂學華語」係由國立臺灣師範大學葉德明教授指導，國立臺灣師範大學陳懷萱老師、國立臺灣大學語言中心盧翠英老師等華語文學界資深學者編撰，至盼藉由本書的發行提升華語文學習者之學習樂趣與動機，以奠定華語文學習的根基，我們除了對本套教材編輯團隊表達最深的感謝外，也期盼海外僑教工作者及各界齊心向力，使海外僑教工作與華語文教育更上一層樓。

僑務委員會

Preface

The promotion of overseas Chinese education involves the strengthening and passing down of culture. In order to serve overseas Chinese and to provide abundant sources of teaching material and resources, we started publishing in 1985 the Chinese Learning Biweekly that features languages, history, art, and culture. With the rapid growth of high-tech equipment and the Internet, e-learning has become a new trend for teaching Chinese. We have also endeavored to provide digital teaching materials on the Internet. Combining excellent Chinese teaching with high technology, we expect to offer a series of vivid and multifunctional digital teaching materials for our overseas descendants.

Since the Chinese learning trend becoming the global phenomenon and the promotion of the AP (Advanced Placement) project in the U.S., we had published a journal, "Fun with Chinese" in the Chinese Learning Biweekly since 2007, which became very popular among people who live overseas. We have compiled journal issues from no. 515 to 526 into a textbook. These twelve issues are specially designed for children between K3 to K6. With various lessons and the contents are fun and lively, perfectly fits the needs of overseas and receives great popularity. Due to the success of the first volume of "Fun with Chinese", we have received numerous inquiries about the second volume from the overseas teachers. The second volume of "Fun with Chinese" is designed for children between K5 to K6, and it is a compilation of twelve journal issues from no. 551 to 562. The contents of the second volume are based on individual lifestyle. All the conversations, sentences, brainstorming time are followed by the step by step learning system. This system can achieve our goal of significantly increasing the learners' listening, reading, speaking, and writing abilities.

"Fun with Chinese" is directed and edited by Prof. Teh-ming Yeh and Instructor Huai-shuan Chen, both teaching in National Taiwan Normal University, and Tsui-ying Lu, teaching in the Language Center of National Taiwan University. Through the publication of this book, we sincerely hope to inspire learners' interest and help lay a solid foundation for Chinese learning. We would like to express our gratitude to the editing team of this book, and hope to move forward in Chinese education with overseas teachers and experts in various fields.

Overseas Compatriot Affairs Commission

目錄

contents

第一課 水果沙拉 Fruit Salad

shŭi guǒ shā lā

對話(一) Dialogue(1)

媽， 明天王方他們要來我們家玩。
Mā míng tiān wáng fāng tā men yào lái wǒ men jiā wán

Mom, Wang Fang and others are coming over to our home tomorrow.

好啊！ 我準備一些水果給你們吃。
Hǎo a wǒ zhǔn bèi yì xiē shŭi guǒ gěi nǐ men chī

Sure! I will prepare some fruits for you and your friends.

對了， 美美說她想吃水果沙拉。
Dùi le měi měi shuō tā xiǎng chī shŭi guǒ shā lā

It reminds me that Meimei wants to eat fruit salad.

你們明天有幾個人要來？
Nǐ men míng tiān yǒu jǐ ge rén yào lái

How many people are coming over tomorrow?

王方、 美美、 還有一個新同學林小麗。
Wáng fāng měi měi hái yǒu yí ge xīn tóng xué lín xiǎo lì

Wang Fang, Meimei, and a new classmate Lin Xiao-li.

我們現在就去超級市場吧！
Wǒ men xiàn zài jìu qù chāo jí shì chǎng ba

Then, let's go to the supermarket now!

太棒了， 我要買西瓜、 葡萄、 芒果。
Tài bàng le wǒ yào mǎi xī guā pú táo máng guǒ

Great! I want to buy watermelon, grapes, and mango.

好， 我去開車， 你在門口等我。
Hǎo wǒ qù kāi chē nǐ zài mén kǒu děng wǒ

No problem! Let me get the car, wait for me at the door.

字與詞 Words and Phrases

沙拉 shā lā	salad	啊 a	a phrase final particle; indicates affirmation, exclamation
同學 tóng xué	schoolmate; classmate	準備 zhǔn bèi	to prepare
林小麗 lín xiǎo lì	Lin Xiao-li (Chinese name)	一些 yì xiē	certain; some
超級市場 chāo jí shì chǎng	supermarket	給 gěi	for; to
西瓜 xī guā	watermelon	對了 dùi le	It reminds me...
葡萄 pú táo	grape	還有 hái yǒu	still; and
芒果 máng guǒ	mango	新 xīn	new

對話(二) Dialogue(2)

媽， 你看， 那些葡萄真漂亮。
Mā nǐ kàn nà xiē pú táo zhēn piào liàng

Look! Those grapes look really good.

好， 我們買一些葡萄， 再買一些蘋果。
Hǎo wǒ men mǎi yì xiē pú táo zài mǎi yì xiē píng guǒ

All right, we can buy some grapes and some apples.

我不喜歡吃蘋果，　我覺得蘋果比較酸。
Wǒ bù xǐ huān chī píng guǒ　wǒ jué de píng guǒ bǐ jiào suān

I don't like to eat apple because apple is more sour.

蘋果有益身體健康，　味道也很香。
Píng guǒ yǒu yì shēn tǐ jiàn kāng　wèi dào yě hěn xiāng

Apple is good for health and also smells good, too.

芒果很甜，　顏色也很漂亮，　我們買芒果，
Máng guǒ hěn tián　yán sè yě hěn piào liàng　wǒ men mǎi máng guǒ

好不好？
hǎo bù hǎo

Mango is really sweet and looks good as well. Can we buy mango?

好吧！　芒果、　蘋果都買。
Hǎo ba　máng guǒ　píng guǒ dōu mǎi

Okey! Then we'll buy mango and apple.

欸？　沒看到西瓜？
Ái　méi kàn dào xī guā

Eh? Why don't we see any watermelon?

現在不是西瓜的季節，　當然沒有西瓜。
Xiàn zài bú shì xī guā de jì jié　dāng rán méi yǒu xī guā

Since it's not the season for watermelon, certainly there is no watermelon available.

字與詞 Words and Phrases

酸	suān	sour
甜	tián	sweet
顏色	yán sè	color
看	kàn	look
對	duì	to; toward; for
身體	shēn tǐ	body
健康	jiàn kāng	health
味道	wèi dào	taste
香	xiāng	fragrant
好吧	hǎo ba	OK
欸	ái	It indicates that one is surprised or has suddenly thought of something
看到	kàn dào	to see
當然	dāng rán	as it should be; certainly

句型 Syntax

1

S V O 給 人 V

我做飯給你們吃。
Wǒ zuò fàn gěi nǐ men chī

老師在做什麼？
Lǎo shī zài zuò shén me

老師寫字 ____________________ 看。
Lǎo shī xiě zì ... kàn

2

S 對… SV

在車上看書對眼睛不好。
Zài chē shàng kàn shū duì yǎn jīng bù hǎo

媽媽在說什麼？
Mā ma zài shuō shén me

喝可樂 ____________________ 不好。
Hē kě lè ... bù hǎo

3

對了，……

媽媽：你哥哥到哪兒去了？
Mā ma　Nǐ gē ge dào nǎ ēr qù le

弟弟：對了，他說他要去買禮物。
Dì di　Dùi le　tā shuō tā yào qù mǎi lǐ wù

丁文：美美為什麼沒來？
Dīng wén　Měi měi wèi shén me méi lái

王方：對了，聽說 ____________。
Wáng fāng　Dùi le　tīng shuō

4

好吧！……

A：我沒有車，沒辦法開車去。
Wǒ méi yǒu chē　méi bàn fǎ kāi chē qù

B：好吧！我們走路去。
Hǎo ba　wǒ men zǒu lù qù

哥哥：下雨了，不能去海洋世界了。
Gē ge　Xià yǔ le　bù néng qù hǎi yáng shì jiè le

弟弟：好吧！我們 ____________。
Dì di　Hǎo ba　wǒ men

動腦時間 Brainstorming

一.你來填填看 Try to Fill in the Blank!

1. 我喜歡吃芒果、西瓜，____________(and)葡萄。
2. 我昨天沒睡覺，____________(certainly)很累。
3. 他常常游泳，所以身體很____________(healthy)。
4. 這個牛奶的____________(taste)很奇怪。
5. 你多久沒____________(saw)丁文了？

二.你應該說什麼？ What Should You Say?

A：明天＿＿＿＿＿＿＿，好不好？（動物園）

B：不行，我明天沒有空。

A：那＿＿＿＿＿＿＿吧！（星期六）

ZOO

三.重組 Reorganize

1. 唱歌 | 他 | 給 | 聽 | 我 → ＿＿＿＿＿＿＿＿＿＿。

2. 對 | 喝牛奶 | 很 | 身體 | 好 → ＿＿＿＿＿＿＿＿＿＿。

3. 漢堡 | 買了 | 我們 | 可樂 | 還有 → ＿＿＿＿＿＿＿＿＿＿。

四.丁文的留言 Message

明天丁文的學校要做水果沙拉，丁文請媽媽準備東西，可是媽媽不在家，所以丁文留(leave)了一張便條(note)給媽媽。

Ding Wen will make fruit salad at school tomorrow. Ding Wen wants his mother to prepare ingredients for him, but his mother is not at home. So Ding Wen leaves a note for her.

媽媽：

明天學校要＿＿＿＿＿＿＿＿＿＿

＿＿＿＿＿＿＿＿＿＿＿＿＿＿＿

＿＿＿＿＿＿＿＿＿＿＿＿＿＿＿

＿＿＿＿＿＿＿＿＿＿＿＿。晚安

丁文 留

實物閱讀 Practical Reading

買水果 Purchase
mǎi shǔi guǒ

算一算 ※媽媽要買一公斤的橘子和一公斤的芒果，要多少錢？

西瓜 xī guā 英譯：watermelon

芒果 máng guǒ 英譯：mango

芭樂 bā lè 英譯：guava

葡萄 pú táo 英譯：grape

橘子 jú zi 英譯：orange

西瓜一個180元

芒果一公斤250元

芭樂一公斤70元

葡萄一公斤130元

橘子一公斤90元

第二課 我家的聖誕樹 The Christmas Tree at My House

wǒ jiā de shèng dàn shù

對話（一） Dialogue(1)

聖誕樹放在哪裡？
Shèng dàn shù fàng zài nǎ lǐ
Where should we put the Christmas tree?

放在窗戶旁邊。
Fàng zài chuāng hù páng biān
Put it next to the window.

媽，這些東西都掛在樹上嗎？
Mā zhè xiē dōng xi dōu guà zài shù shàng ma
Mom, are we going to hang all of these things on the tree?

對。把星星掛在樹的最上面，站在椅子上要小心。
Duì bǎ xīng xing guà zài shù de zùi shàng miàn zhàn zài yǐ zi shàng yào xiǎo xīn
Yes, please hang the star on top of the tree. Be careful when standing on the chair.

這些小燈要掛在樹上？還是掛在窗戶上？
Zhè xiē xiǎo dēng yào guà zài shù shàng hái shì guà zài chuāng hù shàng
Are these lights hung on the tree or on the window?

我想掛在窗戶上比較好！樹上的東西太多了。
Wǒ xiǎng guà zài chuāng hù shàng bǐ jiào hǎo shù shàng de dōng xi tài duō le

I think they look better on the window. There're already too many decorations on the tree.

從外面看進來，紅紅綠綠的，很漂亮。
Cóng wài miàn kàn jìn lái hóng hóng lyù lyù de hěn piào liàng

With all the colorful decorations, it looks so beautiful form the outside.

字與詞 Words and Phrases

聖誕樹	shèng dàn shù	Christmas tree
窗戶	chuāng hù	window
星星	xīng xing	star
椅子	yǐ zi	chair
燈	dēng	lamp; lantern
紅	hóng	red
綠	lyù	green
放在	fàng zài	put
旁邊	páng biān	side; near by position
些	xiē	some; a few
掛	guà	to hang; put up
站	zhàn	to stand
小心	xiǎo xīn	to be careful
進來	jìn lái	come in
把	bǎ	It indicates that the action is applied to somebody or something with the emphasis that the action will bring about a result or influence.

光碟有更多例句介紹

對話（二） Dialogue(2)

丁文，來，把火雞拿出去。
Dīng wén lái bǎ huǒ jī ná chū qù

Ding Wen, come here and take out the turkey.

好棒，我最喜歡吃火雞了。
Hǎo bàng wǒ zùi xǐ huān chī huǒ jī le

That's so wonderful. Turkey is my favorite!

我去把刀子、叉子拿出來。
Wǒ qù bǎ dāo zi chā zi ná chū lái

I'll take out the knives and forks.

奶奶大概比較習慣用筷子吧？
Nǎi nai dà gài bǐ jiào xí guàn yòng kuài zi ba

Grandma is probably more accustomed to using chopsticks.

筷子、叉子都可以。
Kuài zi chā zi dōu kě yǐ

Chopsticks or a fork are both fine.

哇！桌子上都是我喜歡吃的東西。
Wā zhuō zi shàng dōu shì wǒ xǐ huān chī de dōng xi

Wow! I like everything on the table.

因為今天是聖誕節啊！
Yīn wèi jīn tiān shì shèng dàn jié a

That's because today is Christmas Day!

對！聖誕節這一天，所有的家人都回家吃飯，這是美國人傳統的習慣。
Duì shèng dàn jié zhè yì tiān suǒ yǒu de jiā rén dōu huí jiā chī fàn zhè shì měi guó rén chuán tǒng de xí guàn

That's right! On Christmas Day, all family members go home to eat. That's the tradition custom for all Americans.

字與詞 Words and Phrases

火雞 huǒ jī	turkey	拿 ná	to bring; to carry
刀子 dāo zi	knife	出去 chū qù	go out
叉子 chā zi	fork	習慣 xí guàn	custom; habit; be used to; be accustomed to
筷子 kuài zi	chopsticks	傳統 chuán tǒng	tradition
桌子 zhuō zi	table	用 yòng	to use
聖誕節 shèng dàn jié	Christmas	吧 ba	question particle; implying probability
家人 jiā rén	family	所有的 suǒ yǒu de	all
美國 měi guó	U.S.A; America	回家 húi jiā	go home

光碟有更多例句介紹

句型 Syntax

1

V 在 PW

弟弟 站 在 門口。
Dì di zhàn zài mén kǒu

聖誕樹， 放 在 外面。
Shèng dàn shù fàng zài wài miàn

貓坐在哪裡？
Māo zuò zài nǎ lǐ

貓 ____________________。
Māo

2

S 把 O V 在 PW

爸爸把聖誕樹放在外面。
Bà ba bǎ shèng dàn shù fàng zài wài miàn

媽媽在做什麼？
Mā ma zài zuò shén me

媽媽把 ____________________。
Mā ma bǎ

3

V 進來/出來
上來/下去

他從外面走**進來**。
Tā cóng wài miàn zǒu jìn lái

車，他開 **出去**了。
Chē, tā kāi chū qù le

他跑 **上來**了。
Tā pǎo shàng lái le

不可以做什麼？
Bù kě yǐ zuò shén me

不可以 ______（帶）。
Bù kě yǐ

4

S 把 O V 進來/出來
上來/下去

他**把**車 開**出去**了。
Tā bǎ chē kāi chū qù le

你**把**燈 掛**上去**。
Nǐ bǎ dēng guà shàng qù

你**把**火雞拿**進來**。
Nǐ bǎ huǒ jī ná jìn lái

媽媽在做什麼？
Mā ma zài zuò shén me

媽媽 ______（拿）。
Mā ma

動腦時間 Brainstorming

一.你來填填看 Try to Fill in the Blank!

1. 他把______(all)的水果都吃了。
2. 吃了東西就刷牙是好______(habit)。
3. 弟弟喜歡坐在窗戶______(beside)。
4. 你把這些小東西______(hang)在樹上。
5. 不要______(stand)在門口。

二.你應該說什麼？ What Should You Say?

1

A：你什麼時候回家？

B：不知道，大概＿＿＿＿＿吧。

2

A：我要上山去看朋友。

B：下雪了，＿＿＿＿＿要小心。

三.重組 Reorganize

1. 聖誕樹 ｜ 把 ｜ 你 ｜ 出去 ｜ 拿 → ＿＿＿＿＿＿＿＿＿＿。

2. 看 ｜ 很漂亮 ｜ 從 ｜ 出去 ｜ 窗戶 → ＿＿＿＿＿＿＿＿＿＿。

3. 教室 ｜ 都 ｜ 所有的人 ｜ 有書 ｜ 裡 → ＿＿＿＿＿＿＿＿＿＿。

四.布置聖誕樹 Decorate Christmas Tree

看圖說故事 Look at the picture and tell a story.

1

2

3

4

聖誕節快到了，我們一起來布置聖誕樹。我們先________
________，________
________。________
________，________，
________。

實物閱讀 Practical Reading

聖ㄕㄥˋ誕ㄉㄢˋ卡ㄎㄚˇ片ㄆㄧㄢˋ Christmas Cards
shèng dàn kǎ piàn

親愛的美美
祝妳
聖誕快樂
新年快樂
小強賀
2007.12.14

- 親ㄑㄧㄣ愛ㄞˋ dear
  qīn ài
- 祝ㄓㄨˋ may you
  zhù
- 快ㄎㄨㄞˋ樂ㄌㄜˋ happy
  kuài lè
- 新ㄒㄧㄣ年ㄋㄧㄢˊ New Year
  xīn nián
- 賀ㄏㄜˋ to congratulate
  hè

第三課 聖誕節的禮物 The Christmas Gift

shèng dàn jié de lǐ wù

Dialogue(1)

丁文，你聖誕節收到什麼禮物？
Dīng wén nǐ shèng dàn jié shōu dào shén me lǐ wù

Ding Wen, what gifts did you get for Christmas?

我爺爺從日本寄給我一個機器人，你呢？
Wǒ yé ye cóng rì běn jì gěi wǒ yí ge jī qì rén nǐ ne

My grandpa sent me a robot from Japan, what about you?

我爸爸買給我一個洋娃娃。
Wǒ bà ba mǎi gěi wǒ yí ge yáng wá wa

My dad bought me a doll.

你爸爸不是在法國工作嗎？
Nǐ bà ba bú shì zài fǎ guó gōng zuò ma

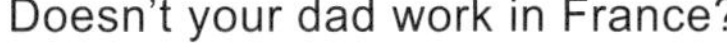

Doesn't your dad work in France?

是啊，他最近回來過聖誕節。
Shì a tā zùi jìn húi lái guò shèng dàn jié

Yeah, but he came back home recently for Christmas.

王方說他的聖誕禮物是遙控汽車，我明天要去他家看他的禮物。
Wáng fāng shuō tā de shèng dàn lǐ wù shì yáo kòng qì chē, wǒ míng tiān yào qù tā jiā kàn tā de lǐ wù.

Wang Fang said he got a remote controlled car as the Christmas gift. I want to go to his house to see his gift tomorrow.

真的啊！那我明天跟你一起去。
Zhēn de a! nà wǒ míng tiān gēn nǐ yì qǐ qù.

Really? Well, then I'll go together with you.

字與詞 Words and Phrases

爺爺 yé ye	grandfather; grandpa
日本 rì běn	Japan
機器人 jī qì rén	robot
洋娃娃 yáng wá wa	doll
法國 fǎ guó	France
遙控汽車 yáo kòng qì chē	remote controlled car
收到 shōu dào	receive; get
從 cóng	from
寄 jì	to mail; post
給 gěi	to
呢 ne	the question particle
工作 gōng zuò	work; to work
最近 zùi jìn	recently
過(節) guò jié	spend(time); pass(time)
真的 zhēn de	really
跟 gēn	with

對話(二) Dialogue(2)

你看，這是我爸爸送給我的禮物，是法國的洋娃娃。
Nǐ kàn, zhè shì wǒ bà ba sòng gěi wǒ de lǐ wù, shì fǎ guó de yáng wá wa.

See. This is the gift that my dad gave me; it's a doll from France.

好可愛，她的衣服真漂亮，會說話嗎？
Hǎo kě ài, tā de yī fu zhēn piào liàng, hùi shuō huà ma?

It's so cute! Its clothes are so pretty. Does it speak?

會，可是她說的話是法國話。你聽！「Bonjour！」
Hùi kě shì tā shuō de huà shì fǎ guó huà nǐ tīng

Yes, but it only speaks French. Listen! "Bonjour!"

王方，把你的禮物拿給我們看吧。
Wáng fāng bǎ nǐ de lǐ wù ná gěi wǒ men kàn ba

Wang Fang, show us your gifts!

你們看，這是今年臺灣最新的遙控汽車，
Nǐ men kàn zhè shì jīn nián tái wān zùi xīn de yáo kòng qì chē
是我阿姨從臺灣寄給我的禮物。
shì wǒ ā yí cóng tái wān jì gěi wǒ de lǐ wù

Look, this is the newest remote controlled car in Taiwan this year. My aunt sent it to me as a gift from Taiwan.

哇！跑得好快，紅色是我最喜歡的顏色。
Wā pǎo de hǎo kuài hóng sè shì wǒ zùi xǐ huān de yán sè

Wow! It goes so fast. Red is my favorite color.

我的機器人有各種顏色，紅的、藍的、白的都有。
Wǒ de jī qì rén yǒu gè zhǒng yán sè hóng de lán de bái de dōu yǒu

My robot has various colors: red, blue, and even white.

我希望明年我媽媽也送我一個機器人。
Wǒ xī wàng míng nían wǒ mā ma yě sòng wǒ yí ge jī qì rén

I hope my mom gives me a robot next year as well.

字與詞 Words and Phrases

衣服 yī fu	cloth	藍 lán	blue	新 xīn	new
今年 jīn nián	this year	明年 míng nían	next year	各種 gè zhǒng	various
臺灣 tái wān	Taiwan	會 hùi	able to	希望 xī wàng	wish; hope
哇 wā	wow	說話 shuō huà	talk; speak; say		

光碟有更多例句介紹

句型 Syntax

1

V 給 人 O

媽媽 買 給 我 一個 洋娃娃 。
Mā ma mǎi gěi wǒ yí ge yáng wá wa

爸爸 寄 給 我 一個 禮物 。
Bà ba jì gěi wǒ yí ge lǐ wù

爺爺 ________________（送）。
Yé ye

2

V 給 人 V1

媽媽做飯 給 我們 吃 。
Mā ma zuò fàn gěi wǒ men chī

爸爸買遙控汽車 給 我們 玩 。
Bà ba mǎi yáo kòng qì chē gěi wǒ men wán

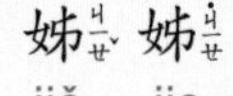

姊姊 ________________（唱歌）。
jiě jie

3

V 的 O

她 買 的 衣服 很漂亮 。
Tā mǎi de yī fu hěn piào liàng

他 知道 的 事 很多 。
Tā zhī dào de shì hěn duō

丁文說什麼？
Dīng wén shuō shén me

媽媽 ____________很好吃（做飯）。
Mā ma hěn hǎo chī

4

… 的　　… 的

聖誕樹下面有很多禮物，
Shèng dàn shù xià miàn yǒu hěn duō lǐ wù

爸爸的、媽媽的。
bà ba de　mā ma de

超級市場　有很多水果，
Chāo jí shì chǎng　yǒu hěn duō shuǐ guǒ

日本的、臺灣的。
rì běn de　tái wān de

他的汽車有各種顏色，　有＿＿＿＿＿＿＿＿。
Tā de qì chē yǒu gè zhǒng yán sè,　yǒu

動腦時間 Brainstorming

一.你來填填看 Try to Fill in the Blank!

1. 你爸爸在哪裡＿＿＿＿＿＿（ work ）？
2. 你＿＿＿＿＿＿（ recently ）在做什麼？
3. 超級市場賣＿＿＿＿＿＿（ various ）水果。
4. 我＿＿＿＿＿＿（ hope ）爸爸送我遙控汽車。
5. 他＿＿＿＿＿＿（ speak ）很快。

二.你應該怎麼描述(describe)這兩個人?
How Would You Describe these Two People?

1.一個人＿＿＿＿＿＿＿＿＿＿＿＿＿＿＿＿

＿＿＿＿＿＿＿＿＿＿＿＿＿＿＿＿＿＿＿＿。

2.一個人＿＿＿＿＿＿＿＿＿＿＿＿＿＿＿＿

＿＿＿＿＿＿＿＿＿＿＿＿＿＿＿＿＿＿＿＿。

裙子 qún zi	skirt	運動衫 yùn dòng shān	T-shirt
毛衣 máo yī	sweater	褲子 kù zi	trousers
帽子 mào zi	cap; hat	鞋子 xié zi	shoes
皮包 pí bāo	leather handbag	外套 wài tào	coat

三.重組 Reorganize

1. 送給 | 生日禮物 | 爸爸 | 他 | 一個 → ________________。

2. 開 | 是 | 的 | 日本車 | 他 | 車 → ________________。

3. 這是 | 最新 | 機器人 | 今年 | 的 → ________________。

四.寫給爺爺的一封信 Write a Letter to Grandpa

謝謝爺爺送的禮物
Thank Grandpa for the gift he gave you.

丁文收到爺爺從臺灣寄來的生日禮物，是今年最新的遙控汽車，媽媽說，丁文應該寫一封信謝謝爺爺。

Ding Wen received a birthday gift that Grandpa sent from Taiwan; it's the newest remote controlled car this year. Mom said Ding Wen should write a letter to say thanks to Grandpa.

親愛的爺爺：

我收到________________

________________。

新年快到了，________________

____

________________。

祝

爺爺身體健康

丁文 敬上
2008/12/1

Practical Reading

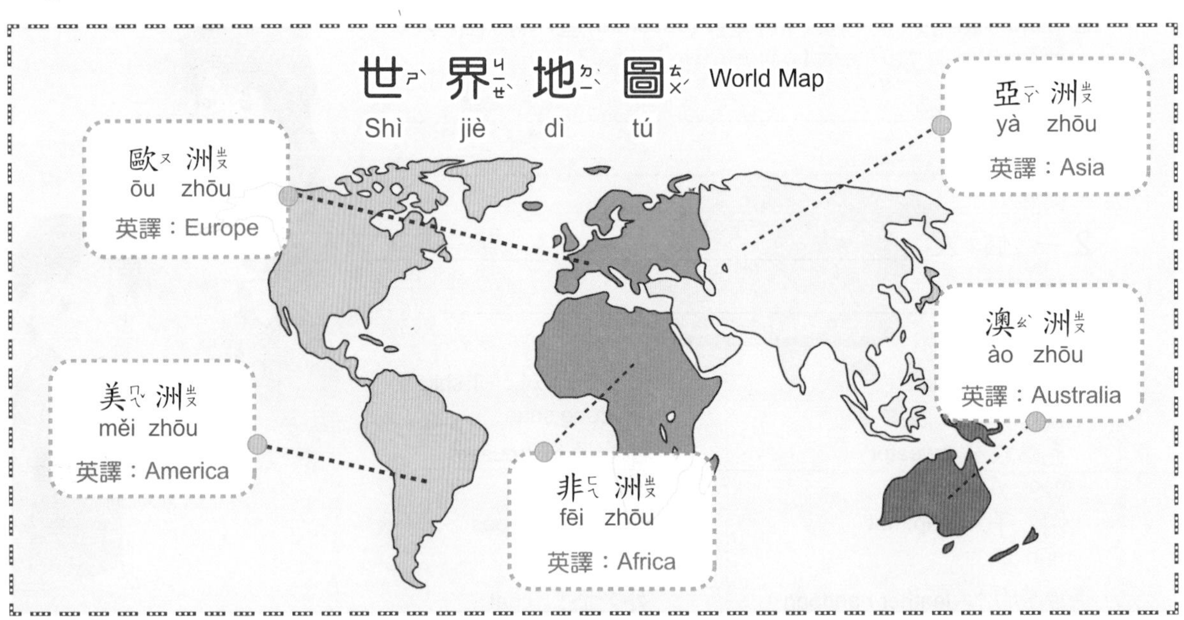

第四課 年的故事 The Story of the Year

nián de gù shì

看故事學華語 Reading Stories to Learn Chinese

一、年的故事 The Story of the Year

nián de gù shì

很久以前，新年的前一天，會有一隻叫「年」的怪獸跑到村子裡吃人，村子裡的人怕被那隻怪獸吃掉，所以晚上都不敢睡覺。

Hěn jiǔ yǐ qián, xīn nián de qián yì tiān, huì yǒu yì zhī jiào 「nián」 de guài shòu pǎo dào cūn zi lǐ chī rén, cūn zi lǐ de rén pà bèi nà zhī guài shòu chī diào, suǒ yǐ wǎn shàng dōu bù gǎn shuì jiào.

聽說「年」怕「Pi li pa la」的聲音和紅色的東西，所以村子裡的人就放鞭炮，還把紅紙貼在門上嚇牠。到了第二天早上，大家都沒被「年」吃掉，所以見面的時候就說：「恭喜、恭喜」。

Tīng shuō 「nián」 pà 「pi li pa la」 de shēng yīn hàn hóng sè de dōng xi, suǒ yǐ cūn zi lǐ de rén jiù fàng biān pào, hái bǎ hóng zhǐ tiē zài mén shàng xià tā. dào le dì èr tiān zǎo shàng, dà jiā dōu méi bèi 「nián」 chī diào, suǒ yǐ jiàn miàn de shí hòu jiù shuō: 「gōng xǐ、gōng xǐ」.

英譯

A long, long time ago, the day before the new year, there was a grotesque beast called Nian that came to villages and ate people. Naturally, the people in the villages feared the monster would eat them, so no one dared to sleep for the entire night of Chinese New Year's Eve. It was rumored that Nian feared the noise of clacking clamor, thus, the villagers ignited firecrackers. This monster was also afraid of the color red, so red couplets with auspicious writings on them were pasted upon the doors of every household in the villages. On the morning of the first day of the Chinese New Year, since no one was eaten by Nian during New Year's Eve, they would greet their neighbors with "Congratulations!".

字與詞 Words and Phrases

年ㄋㄧㄢˊ	nián	year
故ㄍㄨˋ 事ㄕˋ	gù shì	story
久ㄐㄧㄡˇ	jĭu	long
以ㄧˇ 前ㄑㄧㄢˊ	yĭ qián	before; ago
前ㄑㄧㄢˊ	qián	before
天ㄊㄧㄢ	tiān	day
隻ㄓ (M)	zhī	measure word for animal
怪ㄍㄨㄞˋ 獸ㄕㄡˋ	guài shòu	monster
村ㄘㄨㄣ 子˙ㄗ	cūn zi	village
怕ㄆㄚˋ	pà	afraid
被ㄅㄟˋ	bèi	passive; by
晚ㄨㄢˇ 上ㄕㄤˋ	wăn shàng	night
敢ㄍㄢˇ	găn	dare
聲ㄕㄥ 音ㄧㄣ	shēng yīn	voice
放ㄈㄤˋ 鞭ㄅㄧㄢ 炮ㄆㄠˋ	fàng biān pào	light firecrackers
紙ㄓˇ	zhĭ	paper
貼ㄊㄧㄝ	tiē	stick; paste
第ㄉㄧˋ 二ㄦˋ 天ㄊㄧㄢ	dì èr tiān	the next day
第ㄉㄧˋ	dì	auxiliary word for ordinal numbers
大ㄉㄚˋ 家ㄐㄧㄚ	dà jiā	everybody
吃ㄔ 掉ㄉㄧㄠˋ	chī diào	eat off
見ㄐㄧㄢˋ 面ㄇㄧㄢˋ	jiàn miàn	meet
恭ㄍㄨㄥ 喜ㄒㄧˇ	gōng xĭ	congratulations
嚇ㄒㄧㄚˋ	xià	scare
牠ㄊㄚ	tā	it(for animal)

光碟有更多例句介紹

二、聖誕老人的故事 The Story of Santa Claus
shèng dàn lǎo rén de gù shì

很久以前，荷蘭有一個
Hěn jǐu yǐ qián hé lán yǒu yí ge

老人，名字叫尼古拉斯，他
lǎo rén míng zi jiào ní gǔ lā sī tā

最愛幫助窮人。有一次他要
zùi ài bāng zhù qióng rén yǒu yí cì tā yào

幫助三個很窮的女孩，想送
bāng zhù sān ge hěn qióng de nyǔ hái xiǎng sòng

她們每人一袋金子。所以尼
tā men měi rén yí dài jīn zi suǒ yǐ ní

古拉斯偷偷地把一袋金子從
gǔ lā sī tōu tōu de bǎ yí dài jīn zi cóng

窗戶丟進去，那袋金子剛好
chuāng hù dīu jìn qù nà dài jīn zi gāng hǎo

掉進掛在壁爐上的長襪裡。
diào jìn guà zài bì lú shàng de cháng wà lǐ

後來，有人把這位
Hòu lái yǒu rén bǎ zhè wèi

老人的故事傳到美國，
lǎo rén de gù shì chuán dào měi guó

所以，在聖誕節的前一
suǒ yǐ zài shèng dàn jié de qián yì

天晚上，小孩就把襪子
tiān wǎn shàng xiǎo hái jìu bǎ wà zi

掛在床邊，等聖誕老人
guà zài chuáng biān děng shèng dàn lǎo rén

把禮物放進襪子裡。
bǎ lǐ wù fàng jìn wà zi lǐ

英譯

A long, long time ago, there was an elderly man in the Netherlands called Nicholas who loved helping the poor. Once he helped three very poor little girls, giving each of them a bag of gold. As Nicholas threw one of the bags of gold through the window, it incidentally landed in a stocking that was hung over the fireplace. Eventually this elder's story made its way to America, thus, during the night before Christmas, little children put their stockings over the fireplace and wait for St. Nicholas putting gifts inside.

字與詞 Words and Phrases

聖誕老人	shèng dàn lǎo rén	Santa Claus
老人	lǎo rén	old man
荷蘭	hé lán	the Netherlands; Holland
尼古拉斯	ní gǔ lā sī	Nicolas
愛	ài	love
幫助	bāng zhù	help
窮人	qióng rén	poor man
窮	qióng	poor
有一次	yǒu yí cì	once
女孩	nyǔ hái	girl
每	měi	every
袋(M)	dài	bag
金子	jīn zi	gold
偷偷地	tōu tōu de	stealthily; secretly
丟	dīu	to throw
剛好	gāng hǎo	just; exactly
掉	diào	fall down
壁爐	bì lú	fireplace
長襪	cháng wà	socks
長	cháng	long
襪(子)	wà zi	stockings
傳	chuán	spread
小孩	xiǎo hái	child

句型 Syntax

1

被

桌上的三明治**被**弟弟吃掉了。
Zhuō shàng de sān míng zhì bèi dì di chī diào le

車子**被**爸爸開出去了。
Chē zi bèi bà ba kāi chū qù le

把

弟弟**把**桌上的三明治吃掉了。
Dì di bǎ zhuō shàng de sān míng zhì chī diào le

爸爸**把**車開出去了。
Bà ba bǎ chē kāi chū qù le

可樂被________________。
Kě lè bèi

弟弟把________________。
Dì di bǎ

2

V 到 PW 來/去

小貓掉到水裡去了。
Xiǎo māo diào dào shǔi lǐ qù le

弟弟跑到門口去等爸爸。
Dì di pǎo dào mén kǒu qù děng bà ba

媽媽把________
Mā ma bǎ

____

________（貼）。

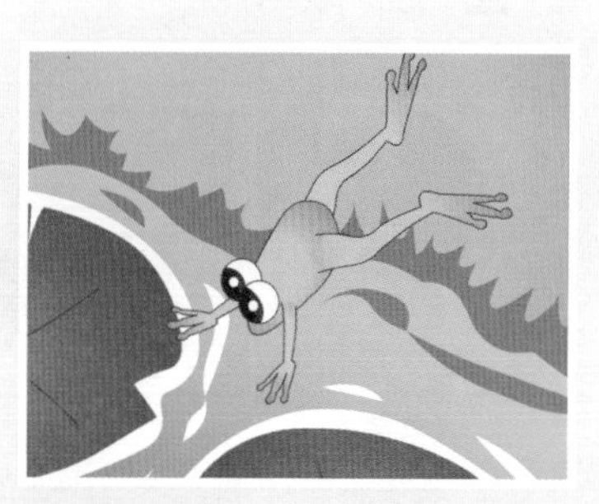

青蛙________________
Qīng wā

____________（跳）。

動腦時間 Brainstorming

一.你來填填看 Try to Fill in the Blank!

1. 兩年______________（ago）我沒有車。
2. 貓______________（stealthily）從窗戶跳進來。
3. 我最喜歡聽媽媽說______________（story）。
4. 他說話的______________（voice）很奇怪。
5. 他喜歡______________（help）同學。

二.看圖連連看
Make Connections by Looking at Pictures

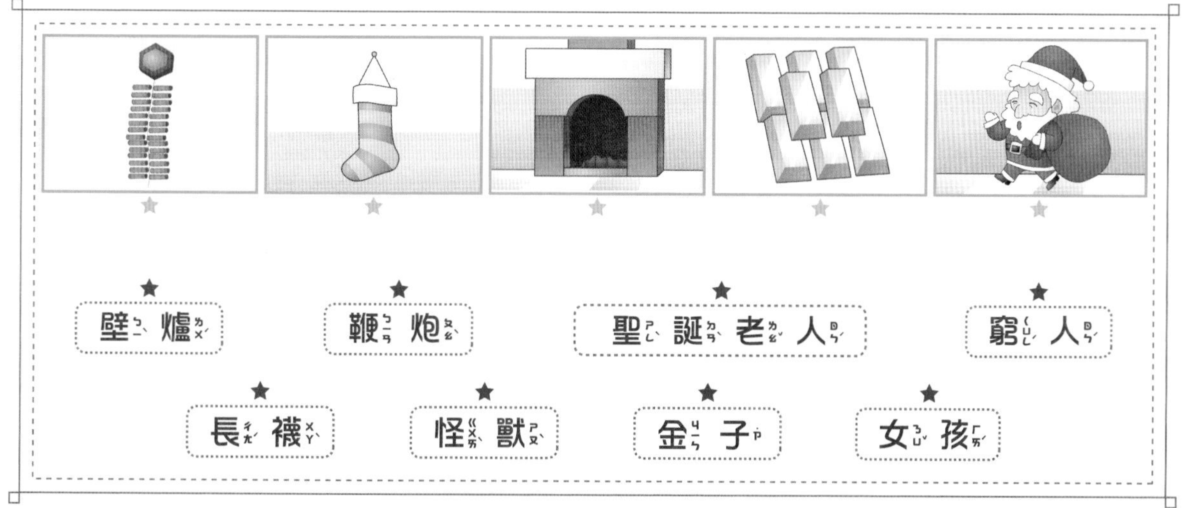

三.看圖說故事 Look at Pictures to Tell a Story

1

明天是新年，我跟爸爸把＿＿＿＿＿＿＿＿＿＿＿＿＿＿＿＿＿＿＿＿＿＿。

2

我們一家人＿＿＿＿＿＿＿＿＿＿＿＿＿＿＿＿＿＿＿＿＿＿＿＿＿＿＿。

3

晚上，我跟妹妹一起＿＿＿＿＿＿＿＿＿＿＿＿＿＿＿＿＿＿＿＿＿＿。

4

第二天早上，大家＿＿＿＿＿＿＿＿＿＿＿＿＿＿＿＿＿＿＿＿＿＿＿。

春聯 chūn lián	red couplets	年夜飯 nián yè fàn	Chinese New Year's Eve Dinner

實物閱讀 Practical Reading

過新年 Passing the New Year
guò xīn nián

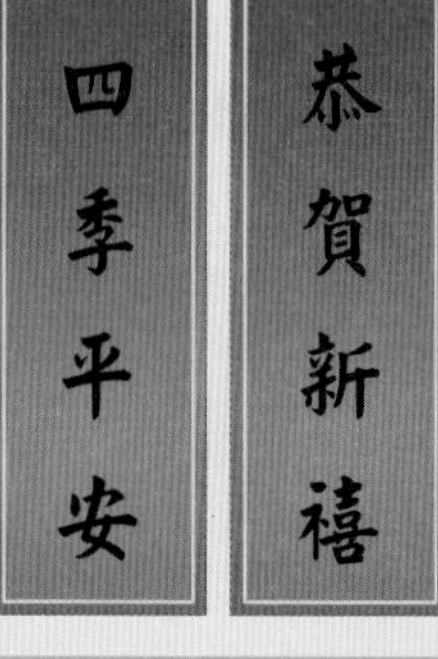

一元復始 yì yuán fù shǐ	萬事如意 wàn shì rú yì	恭賀新禧 gōng hè xīn xǐ	春 chūn
萬象回春 wàn xiàng húi chūn	四季平安 sì jì píng ān	招財進寶 zhāo cái jìn bǎo	福 fú

第五課 你比以前瘦了 You Are Thinner than You Were in the Past

nǐ bǐ yǐ qián shòu le

對話(一) Dialogue(1)

王方，你比以前瘦了，也比以前高了。
Wáng fāng, nǐ bǐ yǐ qián shòu le, yě bǐ yǐ qián gāo le.

Wang Fang, you're thinner than you were in the past, and taller as well.

是啊！我最近每天跟朋友一起運動，瘦了三公斤。
Shì a! wǒ zùi jìn měi tiān gēn péng yǒu yì qǐ yùn dòng, shòu le sān gōng jīn.

Yeah! I've been doing exercise every day recently with a friend. I've lost 3 kilograms.

真的啊？那你現在幾公斤？
Zhēn de a? nà nǐ xiàn zài jǐ gōng jīn?

Really? So, how much do you weigh now?

差不多四十三公斤。
Chà bu duō sì shí sān gōng jīn.

Around 43 kg.

跟我一樣重。但是我希望能更瘦一點。
Gēn wǒ yí yàng zhòng dàn shì wǒ xī wàng néng gèng shòu yì diǎn

That's the same as me, but I hope I can be even a little thinner.

那我們明天開始一起去公園慢跑。
Nà wǒ men míng tiān kāi shǐ yì qǐ qù gōng yuán màn pǎo

So, let's start going jogging in the park together tomorrow.

字與詞 Words and Phrases

瘦 shòu	thin	運動 yùn dòng	sports; exercise
高 gāo	tall; high	差不多 chà bu duō	around; almost
朋友 péng yǒu	friend	一樣 yí yàng	as; with
公斤 gōng jīn	kilogram	但是 dàn shì	but
跟 gēn	as; with	能 néng	can
重 zhòng	heavy	更 gèng	more
慢跑 màn pǎo	jogging	一點 yì diǎn	a little
每天 měi tiān	every day	開始 kāi shǐ	start

對話(二) Dialogue(2)

喂，丁文，別忘了九點在公園門口見面。
Wéi dīng wén bié wàng le jiǔ diǎn zài gōng yuán mén kǒu jiàn miàn

Hey, Ding Wen, don't forget to meet me at the park's gate at 9 o'clock.

今天天氣太熱，慢跑太累。
Jīn tiān tiān qì tài rè màn pǎo tài lèi

The weather today is too hot, we'll get too tired if we jog.

那就去游泳池游泳吧。
Nà jiù qù yóu yǒng chí yóu yǒng ba

Well, let's go swimming at the pool instead.

不要，去游泳太麻煩。
Bú yào qù yóu yǒng tài má fán

No, it's too much troublesome to go swimming.

我看，不是因為天氣太熱，也不是去游泳太麻煩，是你太懶。
Wǒ kàn bú shì yīn wèi tiān qì tài rè yě bú shì qù yóu yǒng tài má fán shì nǐ tài lǎn

It appears it's not the heat or trouble of go swimming, it is you're just too lazy.

好吧，那還是去慢跑，去慢跑沒有去游泳那麼麻煩。
Hǎo ba nà hái shì qù màn paǒ qù màn paǒ méi yǒu qù yóu yǒng nà me má fán

Fine. Let's just go jogging. It's not as much of a hassle as going to the pool.

好，我打電話告訴王方。
Hǎo wǒ dǎ diàn huà gào sù wáng fāng

Okay. I'll call Wang Fang to tell him.

字與詞 Words and Phrases

要 yào	want	電話 diàn huà	telephone	忘了 wàng le	to forget
麻煩 má fán	troublesome; trouble	告訴 gào sù	to tell	見面 jiàn miàn	to meet
我看 wǒ kàn	I think	游泳池 yóu yǒng chí	swimming pool	太 tài	too
懶 lǎn	lazy	打 dǎ	to call	累 lèi	tired
還是 hái shì	had better	別 bié	don't		

句型 Syntax

1

跟　　一樣

我跑得跟他一樣快。
Wǒ pǎo de gēn tā yí yàng kuài.

她跟她姊姊一樣漂亮。
Tā gēn tā jiě jie yí yàng piào liàng.

丁文 ______________________（高）。
Dīng wén

2

A 比 B

我跑得比他快。
Wǒ pǎo de bǐ tā kuài.

她比她姊姊漂亮。
Tā bǐ tā jiě jie piào liàng.

丁文 ______________________（高）。
Dīng wén

3

A 沒有 B 那麼

我跑得沒有他那麼快。
Wǒ pǎo de méi yǒu tā nà me kuài.

她沒有她姊姊那麼漂亮。
Tā méi yǒu tā jiě jie nà me piào liàng.

媽媽 ______________________（高）。
Mā ma

4

S V 了一點

你最近胖了一點。
Nǐ zùi jìn pàng le yì diǎn

他比以前高了一點。
Tā bǐ yǐ qián gāo le yì diǎn

王方 ______________________（瘦）。
Wáng fāng

動腦時間 Brainstorming

一.你來填填看 Try to Fill in the Blank!

1. 我爸爸每天在公園 ______________(exercise)。
2. 我們明天 ______________（start）去慢跑。
3. 麻煩你 ______________（tell）他，我明天不能去。
4. 現在 ______________（almost）六點。
5. 我明天要跟以前的朋友 ______________（meet）。

二.看圖比一比 Compare the Pictures

1.白小姐跟丁小姐比： ______________________
2.王先生跟謝先生比： ______________________
3.王先生跟丁小姐比： ______________________
4.白小姐跟謝先生比： ______________________
5.王先生跟白小姐比： ______________________

矮 short
ǎi

三.重組 Reorganize

1. 狗 | 快 | 跑得 | 一樣 | 跟 | 貓 → ______________________。

2. 沒有 | 今天 | 熱 | 昨天 | 那麼 → ______________________。

3. 最近 | 以前 | 胖了 | 比 | 一點 | 他 → ______________________

______________________________________。

四.寫給朋友的電子郵件 Write An e-mail to Your Friend

檔案(F) 編輯(E) 檢視(V) 插入(I) 格式(O) 工具(T) 郵件(M)

傳送 剪下 複製 貼上 復原 檢查

寄件者：baimeimei@hotmail.com
收件者：wangfang@hotmail.com
寄件日期：2008年1月19日 早上11:24:33
主　旨：明天一起去運動

新細明體 10

王方：
　我跟丁文約好明天在公園門口見面，別忘了九點到。
美美

檔案(F) 編輯(E) 檢視(V) 插入(I) 格式(O) 工具(T) 郵件(M)

傳送 剪下 複製 貼上 復原 檢查

寄件者：王方(wangfang@hotmail.com)
收件者：白美美(baimeimei@hotmail.com)
寄件日期：2008年1月19日 下午02:03:41
主　旨：Re: 明天一起去運動

新細明體 10

美美：

王方

實物閱讀 Practical Reading

大家來運動 Let's Exercise
dà jiā lái yùn dòng

打網球
dǎ wǎng qíu
play tennis

打籃球
dǎ lán qíu
play basketball

踢足球
tī zú qíu
play soccer

打棒球
dǎ bàng qíu
play baseball

溜滑板
līu huá bǎn
skateboarding

玩直排輪
wán zhí pái lún
play rollerblade

第六課 養小動物 Raising a Small Animal
yǎng xiǎo dòng wù

對話(一) Dialogue(1)

丁文， 明天的自然課， 你要介紹什麼動物？
Dīng wén míng tiān de zì rán kè nǐ yào jiè shào shén me dòng wù

Ding Wen, what animal will you introduce in the natural science class tomorrow?

我打算帶小老鼠去， 牠很聰明， 會玩很多遊戲， 你呢？
Wǒ dǎ suàn dài xiǎo lǎo shǔ qù tā hěn cōng míng hùi wán hěn duō yóu xì nǐ ne

I'm planning to bring a little mouse. It's very clever and can play so many games. What about you?

我要帶我家的貓去！ 牠又可愛又愛乾淨。
Wǒ yào dài wǒ jiā de māo qù tā yòu kě ài yòu ài gān jìng

I want to bring my cat from home! It is cute and loves to stay clean.

王方， 你會帶你的鸚鵡去學校吧！
Wáng fāng nǐ hùi dài nǐ de yīng wǔ qù xué xiào ba

Wang Fang, you'll probably bring your parrot, right?

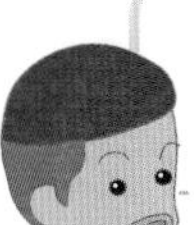

當然， 我的鸚鵡會學人說話還會唱歌。
Dāng rán wǒ de yīng wǔ hùi xué rén shuō huà hái hùi chàng gē

Of course! My parrot can imitate people's voices and sing as well.

那我們明天來比一比，誰的動物最可愛。
Nà wǒ men míng tiān lái bǐ yì bǐ shéi de dòng wù zùi kě ài

Well, let's see whose animal is the cutest tomorrow?

一定是我的小老鼠最受歡迎了。
Yí dìng shì wǒ de xiǎo lǎo shǔ zùi shòu huān yíng le

My little mouse will surely be the most popular!

字與詞 Words and Phrases

養 yǎng	to raise	愛 ài	love
動物 dòng wù	animal	乾淨 gān jìng	clean
自然課 zì rán kè	natural science class	鸚鵡 yīng wǔ	parrot
自然 zì rán	natural	當然 dāng rán	of course; sure
介紹 jiè shào	to introduce	學 xué	to learn
打算 dǎ suàn	to plan	一定 yí dìng	certainly; surely
聰明 cōng míng	clever	受歡迎 shòu huān yíng	be popular
遊戲 yóu xì	game		

對話(二) Dialogue(2)

各位同學，請大家介紹你們帶來的寵物。
Gè wèi tóng xué qǐng dà jiā jiè shào nǐ men dài lái de chǒng wù

Students, please introduce the pets you brought.

這是我們家的貓，是爸爸買給我的。牠很愛乾淨，會自己洗澡，也會自己上廁所。
Zhè shì wǒ men jiā de māo shì bà ba mǎi gěi wǒ de tā hěn ài gān jìng huì zì jǐ xǐ zǎo yě huì zì jǐ shàng cè suǒ

This is my cat, which my father bought for me. It loves staying clean. It cleans itself and goes to the bathroom all by itself.

我的小老鼠身上有白色的、黃色的毛，所以
Wǒ de xiǎo lǎo shǔ shēn shàng yǒu bái sè de huáng sè de máo suǒ yǐ
我們叫牠「小花」。牠很聰明，會爬梯子。
wǒ men jiào tā xiǎo huā tā hěn cōng míng huì pá tī zi

My little mouse has white and yellow fur, so we call it “little flower”. It is quite clever and can climb ladders.

我今天要介紹我們家的鸚鵡。牠很聰明，
Wǒ jīn tiān yào jiè shào wǒ men jiā de yīng wǔ tā hěn cōng míng
我教牠說話、唱歌，教幾次就會了。
wǒ jiāo tā shuō huà chàng gē jiāo jǐ cì jiù huì le

Today I would like to introduce my parrot. It is very clever. I've taught it how to speak and sing. It learned after just a few times.

你們的小動物都很可愛也很聰明，你們要
Nǐ men de xiǎo dòng wù dōu hěn kě ài yě hěn cōng míng nǐ men yào
好好地照顧牠們。
hǎo hǎo de zhào gù tā men

Your little animals are all so cute and clever, so you must take good care of them.

寵物也是我們的家人，我們應該愛牠們。
Chǒng wù yě shì wǒ men de jiā rén wǒ men yīng gāi ài tā men

Pets are also our family, so we should love them.

字與詞 Words and Phrases

各位 gè wèi	everybody	黃色 huáng sè	yellow	幾 jǐ	few; several
寵物 chǒng wù	pet	毛 máo	fur	次 (M) cì	time
自己 zì jǐ	self	小 xiǎo	little	好好地 hǎo hǎo de	well
洗澡 xǐ zǎo	take a bath	爬 pá	climb	照顧 zhào gù	take care
上廁所 shàng cè suǒ	go to the restroom	梯子 tī zi	ladder; stepladder	應該 yīng gāi	should
上 shàng	go to	教 jiāo	to teach		

句型 Syntax

1 又 SV 又 SV

美美 又聰明又漂亮。
Měi měi yòu cōng míng yòu piào liàng

我的小狗又懶又愛吃東西。
Wǒ de xiǎo gǒu yòu lǎn yòu ài chī dōng xi

他 ＿＿＿＿＿＿＿＿＿＿＿＿＿＿＿＿。
Tā

2 V 還 V

我們買了蘋果還買了葡萄。
Wǒ men mǎi le píng guǒ hái mǎi le pú táo

她愛慢跑還愛游泳。
Tā ài màn pǎo hái ài yóu yǒng

弟弟喜歡 ＿＿＿＿＿＿＿＿＿＿＿＿＿＿＿＿。
Dì di xǐ huān

3

就… 了

我教了他幾次，他就會了。
Wǒ jiāo le tā jǐ cì, tā jìu hùi le

這個機器人，我玩了幾次就不想玩了。
Zhè ge jī qì rén, wǒ wán le jǐ cì jìu bù xiǎng wán le

我教王方游泳，教了幾次，_____ ______________________ ______________________了。
Wǒ jiāo wáng fāng yóu yǒng, jiāo le jǐ cì, ... le

弟弟走了一會兒，就____________ ____________了。
Dì di zǒu le yì hǔi ēr, jìu ... le

Brainstorming

一.你來填填看 Try to Fill in the Blank!

1. 貓很愛______________（clean）？
2. 你______________（plan）什麼時候去台灣？
3. 海狗是動物園最______________（be popular）的動物。
4. 很晚了，我們______________（should）回家了。
5. 她身體不舒服，麻煩你______________（take care of）她。

二.看圖說故事 Look at Pictures and Tell a Story

1

又_______又_______的小老鼠。

2

又_______又_______的小白貓。

3

又_______又_______的大黃狗。

4

又_______又_______的鸚鵡。

三.重組 Reorganize

1. 弟弟 | 自己 | 洗澡 | 會 →＿＿＿＿＿＿＿＿＿＿＿＿＿＿＿＿＿＿＿＿。

2. 不一定 | 貓 | 都 | 乾淨 | 愛 →＿＿＿＿＿＿＿＿＿＿＿＿＿＿＿＿＿＿＿＿。

3. 應該 | 休息 | 好好地 | 你 | 幾天 →＿＿＿＿＿＿＿＿＿＿＿＿＿＿＿＿＿＿＿＿。

四.介紹你的寵物 Introduce Your Pet

我養了一隻＿＿＿＿＿＿，牠叫＿＿＿＿＿＿，

牠又＿＿＿＿＿＿＿＿＿又＿＿＿＿＿＿＿＿＿。

牠會＿＿＿＿＿＿＿＿＿＿＿＿＿＿＿＿＿，還

會＿＿＿＿＿＿＿＿＿＿＿＿＿＿＿＿＿＿＿。

實物閱讀 Practical Reading

第七課 我學過書法 I have Studied Calligraphy

wǒ xué guò shū fǎ

對話(一) Dialogue(1)

王方，你看，這是我昨天書法課寫的字。
Wáng fāng nǐ kàn zhè shì wǒ zuó tiān shū fǎ kè xiě de zì

Wang Fang, look, these are the characters I wrote yesterday in calligraphy class.

寫得真好看。我以前也學過，可是只學了半年。
Xiě de zhēn hǎo kàn wǒ yǐ qián yě xué guò kě shì zhǐ xué le bàn nián

Your writing is so pretty. I also studied some, but only for half a year.

為什麼不學了？寫書法很好玩！
Wèi shén me bù xué le xiě shū fǎ hěn hǎo wán

Why do you stop studying? Calligraphy is so much fun!

我覺得寫書法太難了，也很麻煩，容易弄髒衣服。
Wǒ jué de xiě shū fǎ tài nán le yě hěn má fán róng yì nòng zāng yī fu

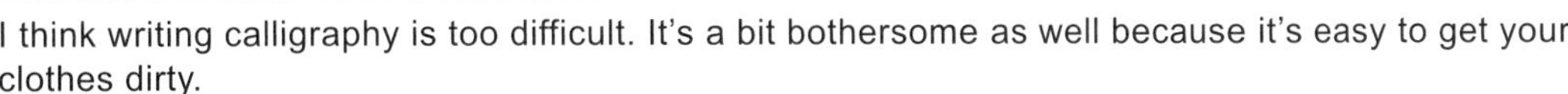

I think writing calligraphy is too difficult. It's a bit bothersome as well because it's easy to get your clothes dirty.

對，所以我每一次都很小心。
Duì suǒ yǐ wǒ měi yí cì dōu hěn xiǎo xīn

Yeah, so that's why I am always cautious every time I do it.

現在我在學跆拳道，上課的時候，又叫又跳，真有意思。
Xiàn zài wǒ zài xué tái quán dào, shàng kè de shí hòu, yòu jiào yòu tiào, zhēn yǒu yì si.

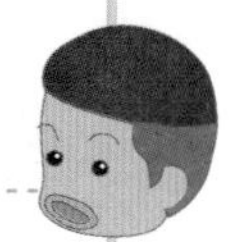

I am learning taekwondo now. I yell and jump in class, it is lots of fun.

真的！我也想去看看。
Zhēn de! wǒ yě xiǎng qù kàn kàn.

Really! I'd like to see it.

字與詞 Words and Phrases

書法 shū fǎ	calligraphy		半 bàn	half
昨天 zuó tiān	yesterday		好玩 hǎo wán	funny; interesting
字 zì	character		難 nán	difficult
跆拳道 tái quán dào	taekwondo		容易 róng yì	easy
過 guò	a suffix indicating completion of an action as an experience		弄髒 nòng zāng	to stain; to pollute
寫 xiě	to write		上課 shàng kè	attend class
好看 hǎo kàn	good-looking		叫 jiào	yell; shout
只 zhǐ	only		有意思 yǒu yì si	be interesting

對話(二) Dialogue(2)

丁文，你的漢字寫得真好，你學過書法嗎？
Dīng wén, nǐ de hàn zì xiě de zhēn hǎo, nǐ xué guò shū fǎ ma?

Dīng Wen, the Chinese characters you wrote are very beautiful. Have you ever studied calligraphy?

對，他學了好幾年了，我昨天看過他寫的毛筆字，真好看。
Dùi, tā xué le hǎo jǐ nián le, wǒ zuó tiān kàn guò tā xiě de máo bǐ zì, zhēn hǎo kàn.

That's right. He has studied calligraphy for several years. Yesterday I saw some of the calligraphic characters he wrote and they were really beautiful.

美美，聽說你在學跳芭蕾舞，跳芭蕾舞一定很辛苦吧？
Měi měi, tīng shuō nǐ zài xué tiào bā lěi wǔ, tiào bā lěi wǔ yí dìng hěn xīn kǔ ba?

Meimei, I heard that you're learning ballet. It must be very hard, right?

還好，因為我有興趣，所以練習的時候，不覺得辛苦。
Hái hǎo, yīn wèi wǒ yǒu xìng qù, suǒ yǐ liàn xí de shí hòu, bù jué de xīn kǔ.

It's not too bad because I am interested in it, so when I am practicing, it doesn't feel very hard at all.

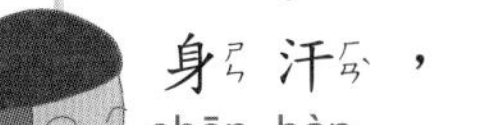

我也是。練習跆拳道的時候，雖然流了一身汗，可是不會覺得累。
Wǒ yě shì. liàn xí tái quán dào de shí hòu, sūi rán líu le yì shēn hàn, kě shì bú hùi jué de lèi.

Me, too. Although I get sweaty from head to toe when practicing taekwondo, I still don't feel tired at all.

明天我要去看王方上跆拳道課，你有沒有興趣一起去？
Míng tiān wǒ yaò qù kàn wáng fāng shàng tái quán dào kè, nǐ yǒu méi yǒu xìng qù yì qǐ qù?

Tomorrow I'd like to go to see Wang Fang attending taekwondo class. Are you interested in going together with me?

不行，我下個星期六要表演，明天我得去練習。
Bù xíng, wǒ xià ge xīng qí lìu yào biǎo yǎn, míng tiān wǒ děi qù liàn xí.

No, I am going to have a performance next Saturday, so I have to practice tomorrow.

字與詞 Words and Phrases

漢字	hàn zì	a Chinese character
毛筆	máo bǐ	a Chinese writing brush
跳舞	tiào wǔ	dance
芭蕾舞	bā lěi wǔ	ballet
辛苦	xīn kǔ	hard; laborious
還好	hái hǎo	not so bad
有興趣	yǒu xìng qù	be interested in
興趣	xìng qù	interest
練習	liàn xí	to practice
我也是	wǒ yě shì	me too
雖然	sūi rán	although; though
流汗	líu hàn	sweat
一身	yì shēn	all over the body
下	xià	next
表演	biǎo yǎn	to perform
得	děi	have to; must

光碟有更多例句介紹

句型 Syntax

V 過

我　吃**過**日本菜。
Wǒ　chī guò rì běn cài

我沒聽**過**美美唱歌。
Wǒ méi tīng guò měi měi chàng gē

丁文 ________________（去）。
Dīng wén

2

在 V

妹妹**在**跳舞。
Mèi mei zài tiào wǔ

爸爸**在**慢跑。
Bà ba zài màn pǎo

丁文 ________________。
Dīng wén

3

雖然…，可是…

他雖然很聰明，可是很懶。
Tā sūi rán hěn cōng míng kě shì hěn lǎn

法國菜雖然很好吃，可是不容易做。
Fǎ guó cài sūi rán hěn hǎo chī kě shì bù róng yì zuò

他雖然天天慢跑，______________。（胖）
Tā sūi rán tiān tiān màn pǎo

動腦時間 Brainstorming

一.你來填填看 Try to Fill in the Blank!

1. 學法文______________（laborious）嗎？
2. 我每天______________（practice）游泳。
3. 我下星期要______________（perform）跆拳道。
4. 我覺得上自然課很______________（funny）。
5. 你是什麼時候開始對跳芭蕾舞______________的（be interested in）。

二.重組 Reorganize

1. 衣服　把　弄髒　別 → ______________。
2. 運動以後　很多　汗　一定　流　會 → ______________。
3. 可樂　好喝　雖然　對身體　可是　不好 → ______________。

三.看圖說故事 Look at Pictures and Tell a Story

美美＿＿＿＿＿＿＿＿。（在V）

丁文＿＿＿＿＿＿＿＿。（在V）

美美＿＿＿＿＿＿＿＿。（V過）

丁文＿＿＿＿＿＿＿＿。（V過）

四.說說你的興趣 Talk about Your Interests

＿＿＿＿＿＿＿＿＿＿＿＿＿＿＿＿＿＿＿＿

＿＿＿＿＿＿＿＿＿＿＿＿＿＿＿＿＿＿＿＿

＿＿＿＿＿＿＿＿＿＿＿＿＿＿＿＿＿＿＿＿

＿＿＿＿＿＿＿＿＿＿＿＿＿＿＿＿＿＿＿＿

Practical Reading

第八課 紙的發明 The Invention of Paper
zhǐ de fā míng

看故事學華語 Reading Stories to Learn Chinese

一．紙的發明 The Invention of Paper
zhǐ de fā míng

蔡倫，是東漢人，皇帝常常給他一些「公文」，叫他帶回家整理。那些公文都刻在竹片上，很重。蔡倫想有沒有方法，把竹片換成比較輕的東西。

Cài lún, shì dōng hàn rén, huáng dì cháng cháng gěi tā yì xiē gōng wén, jiào tā dài húi jiā zhěng lǐ. nà xiē gōng wén dōu kè zài zhú piàn shàng, hěn zhòng. cài lún xiǎng yǒu méi yǒu fāng fǎ, bǎ zhú piàn huàn chéng bǐ jiào qīng de dōng xi.

有一天，他看到一些人在打麻稈，忽然一片麻稈上的纖維飛來，他高興地說：「這不是我要找的東西嗎？」於是他開始實驗，經過一段時間的努力，終於發明了「紙」。

Yǒu yì tiān, tā kàn dào yì xiē rén zài dǎ má gǎn, hū rán yí piàn má gǎn shàng de zhī wǎng fēi lái, tā gāo xìng de shuō: zhè bú shì wǒ yào zhǎo de dōng xi ma? yú shì tā kāi shǐ shí yàn, jīng guò yí duàn shí jiān de nǔ lì, zhōng yú fā míng le zhǐ.

Cai Lun who lived in the Eastern Han Dynasty was often given “official documents” by the emperor. Moreover, the emperor would order him to take home to sort them. All the “official documents” were carved on bamboo strips and were naturally quite cumbersome. Cai Lun often wondered whether there was a way to replace the bamboo strips with something lighter. One day Cai Lun saw some people hitting some hemp stalks and suddenly one of the stalks was flying away from a woven net toward him. Cai Lun remarked: “Isn’t this exactly what I have been looking for all along?” As a result, he began experimenting with this material. After a while, Cai Lun finally invented “paper”.

字與詞 Words and Phrases

發明	fā míng	to invent; invention
蔡倫	cài lún	Cai Lun
東漢	dōng hàn	Eastern Han (dynasty)
皇帝	huáng dì	Emperor
公文	gōng wén	official document
整理	zhěng lǐ	sort out; arrange; put in order
刻	kè	to carve
竹片	zhú piàn	bamboo strip
方法	fāng fǎ	method; way
換成	huàn chéng	change to
換	huàn	to change
輕	qīng	light
打	dǎ	to beat
麻稈	má gǎn	hemp stalk
忽然	hū rán	suddenly
片（M）	piàn	strip; slice; slip; piece
織網	zhī wǎng	woven net; knit mesh
飛	fēi	fly
高興	gāo xìng	happy
於是	yú shì	As a result; thereupon
實驗	shí yàn	experiment
經過	jīng guò	to pass; to go through
一段	yí duàn	a period (of time)
努力	nǔ lì	make great efforts; try hard
終於	zhōng yú	at last; finally

光碟有更多例句介紹

二・愛迪生的故事 The Story of Edison

àì dí shēng de gù shì

愛迪生小時候，大家都覺得他很笨。他只上了三個月的小學，他的知識都是媽媽教他的。可是從小他就對很多事情很好奇，也喜歡自己去實驗一下。

Ài dí shēng xiǎo shí hòu, dà jiā dōu jué de tā hěn bèn. tā zhǐ shàng le sān ge yuè de xiǎo xué, tā de zhī shì dōu shì mā ma jiāo tā de. kě shì cóng xiǎo tā jiù duì hěn duō shì qíng hěn hào qí, yě xǐ huān zì jǐ qù shí yàn yí xià.

長大以後，他就按照自己的興趣，做研究和發明的工作。他發明了電燈、電報機、電影機等等，一共兩千多種東西，是偉大的發明家。他的發明，改變了人們的生活方式。

Zhǎng dà yǐ hòu, tā jiù àn zhào zì jǐ de xìng qù, zuò yán jiù hàn fā míng de gōng zuò. tā fā míng le diàn dēng, diàn bào jī, diàn yǐng jī děng děng, yí gòng liǎng qiān duō zhǒng dōng xi, shì wěi dà de fā míng jiā. tā de fā míng, gǎi biàn le rén men de shēng huó fāng shì.

英譯

When Edison was a child, everyone thought he was quite stupid. He only went to elementary school for three months and learned everything from his mother. However, he was extremely curious about so many things and enjoyed doing experiments by himself. After growing up, he followed his interests, carrying out researches and coming up with his inventions. He invented the electric lamp, the telegraph and the movie projector, etc. Altogether he was responsible for over 2,000 inventions, making him a truly great inventor. Edison's inventions changed people's way of lives.

字與詞 Words and Phrases

愛迪生 ài dí shēng	Edison	電報機 diàn bào jī	telegraph
小時候 xiǎo shí hòu	As a child; in one's childhood	電報 diàn bào	telegram
笨 bèn	stupid	電影機 diàn yǐng jī	motion picture projector; movie projector
小學 xiǎo xué	primary school; elementary school	電影 diàn yǐng	movie
知識 zhī shì	knowledge	等等 děng děng	and so on; etc
事情 shì qíng	affair; matter	偉大 wěi dà	great
好奇 hào qí	curious	～家 jiā	a specialist in a certain field
長大 zhǎng dà	grow up	改變 gǎi biàn	to change
按照 àn zhào	to follow	人們 rén men	people
研究 yán jiù	to study; research	生活 shēng huó	life
電燈 diàn dēng	electric lamp	方式 fāng shì	way; mode

句型 Syntax

1

把 V 成

蔡倫把織網做成紙。
Cài lún bǎ zhī wǎng zuò chéng zhǐ

他 把他的學校生活寫成故事。
Tā bǎ tā de xué xiào shēng huó xiě chéng gù shì

姊姊把__________換成__________。
Jiě jie bǎ huàn chéng

弟弟把__________做成__________。
Dì di bǎ zuò chéng

補充詞彙

美金 měi jīn US dollar　　新台幣 xīn tái bì NT dollar

2 ……等等

我要買機器人、遙控汽車
Wǒ yào mǎi jī qì rén yáo kòng qì chē
等等的玩具。
děng děng de wán jù

他喜歡吃的東西，有三明
Tā xǐ huān chī de dōng xi yǒu sān míng
治、春捲等等。
zhì chūn juǎn děng děng

媽媽做了很多東
Mā ma zuò le hěn duō dōng
西，有＿＿＿＿＿＿
xi yǒu
＿＿＿＿＿＿＿＿＿＿
＿＿＿＿＿＿＿等等。
děng děng

超級市場賣
Chāo jí shì chǎng mài
＿＿＿＿＿＿＿＿
＿＿＿＿＿＿＿＿
等等的水果。
děng děng de shǔi guǒ

動腦時間 Brainstorming

一.你來填填看 Try to Fill in the Blank!

1. 小孩子對很多事情很＿＿＿＿＿＿(curious)？
2. 他＿＿＿＿＿＿(finally)學會游泳了。
3. 愛迪生＿＿＿＿＿＿(pass through)很多次的實驗才發明電燈。
4. 他＿＿＿＿＿＿(suddenly)跑出來，我嚇得大叫。
5. 蔡倫是一個＿＿＿＿＿＿(great)的發明家。

二.看圖連連看
Make Connections by Looking at Pictures

小學　皇帝　電燈　實驗
刻　長大　公文　事情

三.看圖說故事 - 萊特兄弟 Look at Pictures and Tell a Story: The Story of the Wright Brothers

1

萊特兄弟小時候對＿＿＿＿＿＿＿＿很有興趣。

2

有一天萊特兄弟看到＿＿＿＿＿＿＿，高興地＿＿＿＿＿，這不是＿＿＿＿＿。

3

萊特兄弟經過＿＿＿＿＿＿＿＿做＿＿＿＿＿＿＿＿實驗和研究。

4

終於＿＿＿＿＿＿＿＿＿＿＿＿＿＿＿＿＿＿＿。

實物閱讀 Practical Reading

第九課 我的志願 My Aspirations
wǒ de zhì yuàn

Dialogue(1)

今天作文的題目是「我的志願」，你將來打算做什麼？
Jīn tiān zuò wén de tí mù shì wǒ de zhì yuàn nǐ jiāng lái dǎ suàn zuò shén me

The composition topic for today is "My Aspirations". So, what have you planned for your future?

我爸爸是警察，我要跟他一樣做警察。
Wǒ bà ba shì jǐng chá wǒ yào gēn tā yí yàng zuò jǐng chá

My Father is a policeman. I would like to be a policeman just like him.

我爸爸希望我做醫生，可是我很討厭醫院的味道。
Wǒ bà ba xī wàng wǒ zuò yī shēng kě shì wǒ hěn tǎo yàn yī yuàn de wèi dào

My Dad hopes I can be a doctor, but I really hate the smell of the hospitals.

那你將來要做什麼呢？
Nà nǐ jiāng lái yào zuò shén me ne

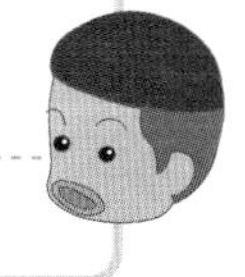

So, what would you like to do in the future?

我想當飛行員，開著飛機到各地旅行。
Wǒ xiǎng dāng fēi xíng yuán kāi zhe fēi jī dào gè dì lyǔ xíng

I'd like to be a pilot and just travel all over the world.

飛行員的工作比警察有趣多了。
Fēi xíng yuán de gōng zuò bǐ jǐng chá yǒu qù duō le

Being a pilot is much more interesting than being a policeman.

可是警察的工作很偉大，可以幫助很多人。
Kě shì jǐng chá de gōng zuò hěn wěi dà, kě yǐ bāng zhù hěn duō rén

But policemen's work is noble. They can help so many people.

字與詞 Words and Phrases

字詞	拼音	English
作文	zuò wén	composition
題目	tí mù	title; subject
警察	jǐng chá	policeman
醫生	yī shēng	doctor
飛行員	fēi xíng yuán	pilot
各地	gè dì	everywhere
志願	zhì yuàn	wish
將來	jiāng lái	future
做	zuò	to be
討厭	tǎo yàn	hate
當	dāng	to be
開	kāi	to drive
著	zhe	a verbal suffix; acts as an adverb to show the manner or circumstance
旅行	lyǔ xíng	travel
有趣	yǒu qù	interesting

對話(二) Dialogue(2)

丁文，你的作文寫好了嗎？
Dīng wén, nǐ de zuò wén xiě hǎo le ma

Ding Wen, are you finished with your composition?

寫好了，我理想的工作是飛行員，你呢？
Xiě hǎo le, wǒ lǐ xiǎng de gōng zuò shì fēi xíng yuán, nǐ ne

I'm done. My ideal job is to be a pilot. What about you?

我要做新聞記者，把發生的事告訴所有的人。
Wǒ yào zuò xīn wén jì zhě bǎ fā shēng de shì gào sù suǒ yǒu de rén

I want to be a reporter, so I can tell everyone about the things that have happened.

我看到電視上的記者總是很辛苦，什麼地方都得去。
Wǒ kàn dào diàn shì shàng de jì zhě zǒng shì hěn xīn kǔ shén me dì fāng dōu děi qù

I have seen reporters on T.V., and they work so hard. They have to go everywhere.

雖然工作不輕鬆，壓力也很大，可是很有意義。
Sūi rán gōng zuò bù qīng sōng yā lì yě hěn dà kě shì hěn yǒu yì yì

Although the work is not relaxing and is very stressful, it is quite meaningful.

我覺得還是飛行員的工作最自由，想去哪裡就去哪裡。
Wǒ jué de hái shì fēi xíng yuán de gōng zuò zùi zì yóu xiǎng qù nǎ lǐ jìu qù nǎ lǐ

I think the pilot's work is the most unrestrained because one can go anywhere one wants to go.

對，飛行員可以到各地旅行，也可以認識不同國家的文化。
Dùi fēi xíng yuán kě yǐ dào gè dì lyǔ xíng yě kě yǐ rèn shì bù tóng guó jiā de wén huà

Yeah, a pilot can travel everywhere and get to know the different countries' cultures.

字與詞 Words and Phrases

新聞 xīn wén	news	總是 zǒng shì	always
記者 jì zhě	reporter	輕鬆 qīng sōng	relaxed
電視 diàn shì	television	壓力 yā lì	pressure
國家 guó jiā	country	有意義 yǒu yì yì	significance
V好 hǎo	indicates satisfaction or completion	自由 zì yóu	free; freedom
理想 lǐ xiǎng	ideal	認識 rèn shì	recognize; know
發生 fā shēng	happen	不同 bù tóng	different
…上 shàng	on	文化 wén huà	culture

句型 Syntax

1 V1著V2

我拿著可樂走路。
Wǒ ná zhe kě lè zǒu lù

他坐著寫書法。
Tā zuò zhe xiě shū fǎ

丁文喜歡 ______________________。（吃，看電視）
Dīng wén xǐ huān

2 QW都

誰都喜歡看電視。
Shéi dōu xǐ huān kàn diàn shì

動物園裡什麼動物都有。
Dòng wù yuán lǐ shén me dòng wù dōu yǒu

超級市場 ______________________。
Chāo jí shì chǎng

3

想／要 QW 就 QW

你想去哪裡就去哪裡。
Nǐ xiǎng qù nǎ lǐ jìu qù nǎ lǐ

你要做什麼就做什麼。
Nǐ yào zuò shén me jìu zuò shén me

在超級市場裡，你想________________________。（買）
Zài chāo jí shì chǎng lǐ nǐ xiǎng

動腦時間 Brainstorming

一.你來填填看 Try to Fill in the Blank!

1. 我最____________（hate）上書法課。
2. 丁文的____________（wish）是當飛行員。
3. 醫生的工作____________（pressure）很大。
4. 最近____________（happen）一些沒想到的事情。
5. 他說的故事真____________（interesting）。

二.重組 Reorganize

1. 都 | 工作 | 什麼 | 有趣 | 很 → ____________________。
2. 帶 | 總是 | 慢跑 | 狗 | 他 | 著 → ____________________。
3. 警察 | 工作 | 我 | 很 | 覺得 | 有意義 | 的 → ____________________
______________________________。

三.看圖說故事 Look at Pictures and Tell a Story

王方的爸爸____________________，所以王方將來__________
____________，因為可以____________________________
________，警察的工作很__________________________。

四.說說你的志願 Talk About Your Aspirations

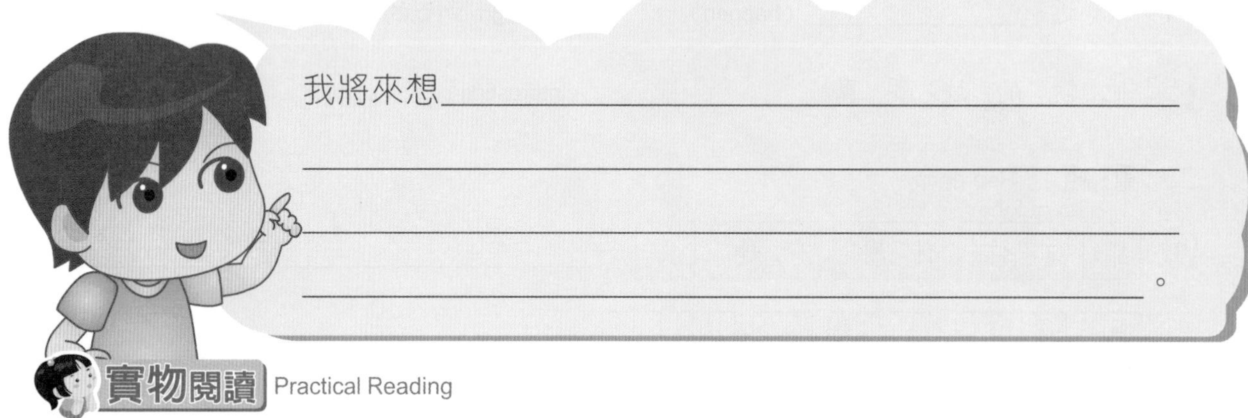

實物閱讀 Practical Reading

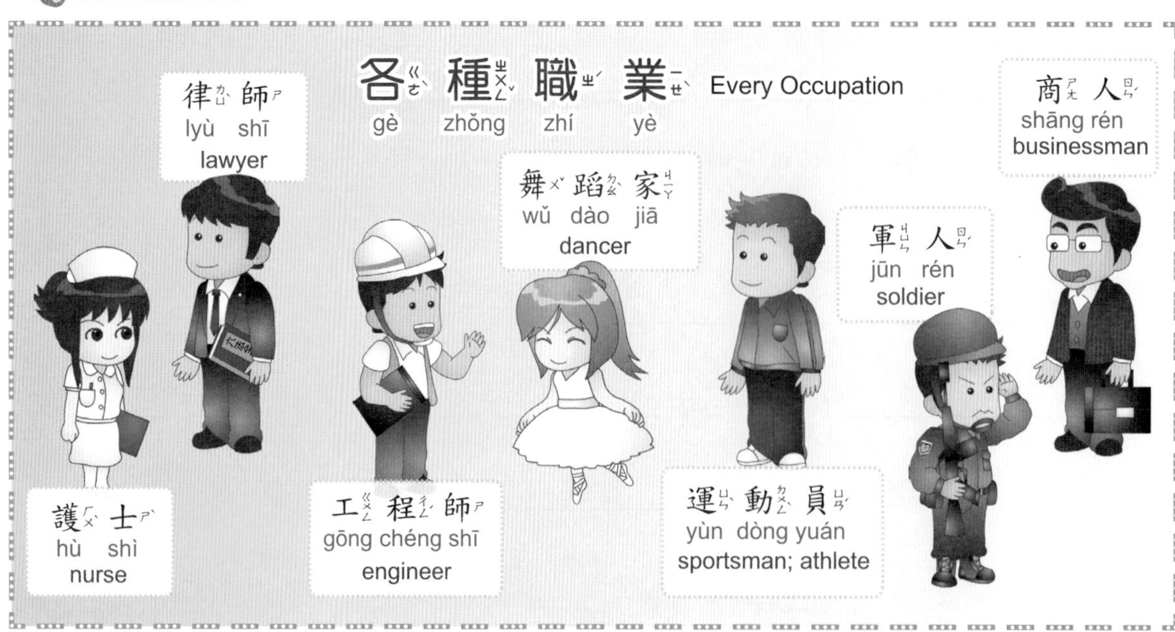

第十課 我的鄰居 My Neighbor

wǒ de lín jū

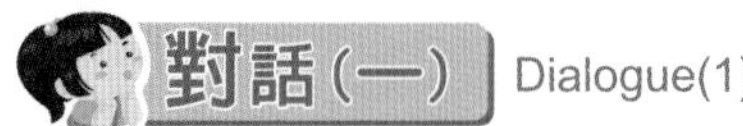
對話(一) Dialogue(1)

怎麼了？ 你好像不太高興。
Zěn me le nǐ hǎo xiàng bú tài gāo xìng

What's wrong? You seem a little unhappy.

我最好的鄰居下星期要搬家了。
Wǒ zùi hǎo de lín jū xià xīng qí yào bān jiā le

My best neighbor is moving next week.

為什麼要搬家？ 要搬到哪裡去？
Wèi shén me yào bān jiā yào bān dào nǎ lǐ qù

Why are they moving? Where are they moving to?

因為他爸爸工作的關係，要搬到臺灣去。
Yīn wèi tā bà ba gōng zuò de guān xì yào bān dào tái wān qù

以後我們就不能一起做功課了。
yǐ hòu wǒ men jìu bù néng yì qǐ zuò gōng kè le

They are moving to Taiwan because of his father's job. In the future, we can't do homework together anymore.

沒關係，你可以到我家來做功課，寫完功課，還可以一起打球。
Méi guān xi nǐ kě yǐ dào wǒ jiā lái zuò gōng kè xiě wán gōng kè hái kě yǐ yì qǐ dǎ qíu

That's okay. You can come to my house to do homework. And after that we can play ball together.

我家離你家太遠了，不太方便。
Wǒ jiā lí nǐ jiā tài yuǎn le bú tài fāng biàn

My home is too far from yours, so it's not very convenient.

不會啊，我覺得很近，騎腳踏車只要十分鐘。
Bú hùi a wǒ jué de hěn jìn qí jiǎo tà chē zhǐ yào shí fēn zhōng

I think it's very close. It only takes ten minutes by bike.

字與詞 Words and Phrases

鄰居 lín jū	neighbor	V 完 wán	finish; over
怎麼了 zěn me le	What's wrong?	打球 dǎ qíu	to play ball
好像 hǎo xiàng	seem; be like	離 lí	from
高興 gāo xìng	happy	遠 yuǎn	far
搬家 bān jiā	move house	方便 fāng biàn	convenient
因為…的關係 yīn wèi de guān xì	because of	不會 bú hùi	It won't be…
		近 jìn	near
功課 gōng kè	homework	騎 qí	to ride
沒關係 méi guān xi	It doesn't matter.	腳踏車 jiǎo tà chē	bicycle

光碟有更多例句介紹

對話(二) Dialogue(2)

丁文，照片上的這個人是誰？
Dīng wén zhào piàn shàng de zhè ge rén shì shéi

Ding Wen, who's the person in the photo?

他是我最好的鄰居，以前我忘了帶鑰匙的時候，總是去他家等我媽媽回家。
Tā shì wǒ zùi hǎo de lín jū yǐ qián wǒ wàng le dài yào shi de shí hòu zǒng shì qù tā jiā děng wǒ mā ma húi jiā

He's my best neighbor. Before, whenever I forget my key, I'd always go to his house and wait until my mother came home.

那他現在在哪裡呢？
Nà tā xiàn zài zài nă lǐ ne

Where is he now?

他們全家上個月搬到臺灣去了，這張照片就是他們在台北照的。
Tā men quán jiā shàng ge yuè bān dào tái wān qù le zhè zhāng zhào piàn jiù shì tā men zài tái běi zhào de

Their whole family moved to Taiwan last month. They took this picture in Taipei.

台北看起來好熱鬧，好像很好玩的樣子。
Tái běi kàn qǐ lái hǎo rè nào hǎo xiàng hěn hǎo wán de yàng zi

Taipei looks quite lively and seems like a fun place.

他信上說，要我放暑假的時候去臺灣找他玩。
Tā xìn shàng shuō yào wǒ fàng shǔ jià de shí hòu qù tái wān zhǎo tā wán

In his letter, he said he wants me to visit him during the summer vacation.

我從來沒去過亞洲，希望有機會能去玩。
Wǒ cóng lái méi qù guò yà zhōu xī wàng yǒu jī huì néng qù wán

I've never been to Asia. I hope I get a chance to go there.

字與詞 Words and Phrases

照片	zhào piàn	photo
鑰匙	yào shi	key
上	shàng	last
就	jiù	exactly
台北	tái běi	Taipei
照	zhào	to take a photo
看起來	kàn qǐ lái	to look like
好	hǎo	very
熱鬧	rè nào	bustling with noise and excitement
樣子	yàng zi	appearance
信	xìn	letter
放假	fàng jià	to have a holiday or vacation
暑假	shǔ jià	summer vacation
找	zhǎo	to visit; to look for
從來沒…	cóng lái méi	never
亞洲	yà zhōu	Asia
機會	jī hùi	opportunity

句型 Syntax

1 因為 … 的關係

因為題目很容易的關係，所以大家都考得很好。
Yīn wèi tí mù hěn róng yì de guān xì, suǒ yǐ dà jiā dōu kǎo de hěn hǎo.

因為怕壓力太大的關係，所以不要當記者。
Yīn wèi pà yā lì tài dà de guān xì, suǒ yǐ bú yào dāng jì zhě.

爸爸因為 ______________ 的關係，所以不能去旅行。
Bà ba yīn wèi ______________ de guān xì, suǒ yǐ bù néng qù lyǔ xíng.

2 … 離 …

我家離學校很近，走路只要十分鐘。
Wǒ jiā lí xué xiào hěn jìn, zǒu lù zhǐ yào shí fēn zhōng.

日本離美國很遠，坐飛機要十一個鐘頭。
Rì běn lí měi guó hěn yuǎn, zuò fēi jī yào shí yī ge zhōng tóu.

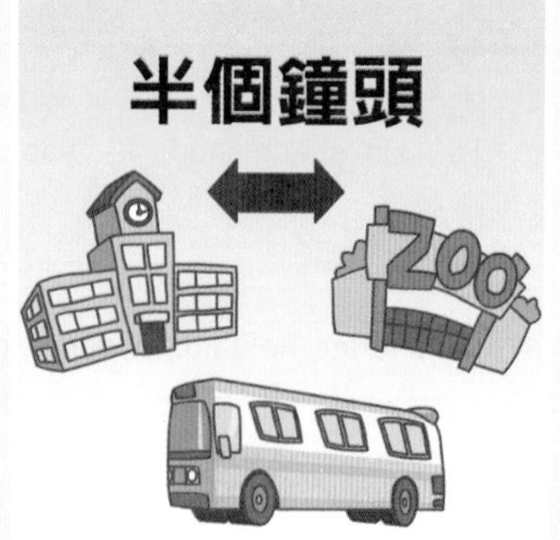

學校 ______________ ，開車 ______________ 。
Xué xiào ______________, kāi chē ______________.

3

看起來…

丁文看起來很累。
Dīng wén kàn qǐ lái hěn lèi

那個西瓜看起來很甜。
Nà ge xī guā kàn qǐ lái hěn tián

好像…的樣子

丁文好像很累的樣子。
Dīng wén hǎo xiàng hěn lèi de yàng zi

那個西瓜好像很甜的樣子。
Nà ge xī guā hǎo xiàng hěn tián de yàng zi

媽媽看起來＿＿＿＿＿＿＿＿＿＿＿＿＿＿＿。（不舒服）
Mā ma kàn qǐ lái

媽媽好像＿＿＿＿＿＿＿＿＿＿＿＿＿＿＿＿＿＿。
Mā ma hǎo xiàng

動腦時間 Brainstorming

一.你來填填看 Try to Fill in the Blank!

1. 因為爸爸工作的關係，我們常常＿＿＿＿＿＿＿＿（move house）？
2. 在超級市場買東西很＿＿＿＿＿＿＿＿（convenient）。
3. 星期天的時候，公園裡有很多人做運動，很＿＿＿＿＿＿＿＿（bustling with noise and excitement）。
4. 放＿＿＿＿＿＿＿＿（summer vacation）的時候，很多人去旅行。
5. 在這裡沒有＿＿＿＿＿＿＿＿（opportunity）練習說日本話。

二.重組 Reorganize

1. 遠 | 飛機場 | 很 | 我家 | 離 → ＿＿＿＿＿＿＿＿＿＿＿＿＿＿＿＿。
2. 日本 | 我 | 看過 | 電影 | 從來沒 → ＿＿＿＿＿＿＿＿＿＿＿＿＿＿＿＿。
3. 的樣子 | 不太 | 好像 | 看起來 | 你 | 高興
→ ＿＿＿＿＿＿＿＿＿＿＿＿＿＿＿＿＿＿＿＿。

三.看圖說故事 Look at Pictures and Tell a Story

丁文常常和＿＿＿＿＿＿＿＿＿＿，他的鄰居因為＿＿＿＿＿＿＿＿＿＿，所以＿＿＿＿＿＿＿＿＿＿＿＿＿＿。有一天，丁文收到＿＿＿＿＿＿＿＿＿＿＿＿，信上說＿＿＿＿＿＿＿＿＿＿＿＿＿＿＿＿＿＿＿＿。

四ㄙˋ.介ㄐㄧㄝˋ紹ㄕㄠˋ你ㄋㄧˇ的ㄉㄜ˙鄰ㄌㄧㄣˊ居ㄐㄩ Introduce Your Neighbor

我的鄰居________________________________

____

____

____。

實物閱讀 Practical Reading

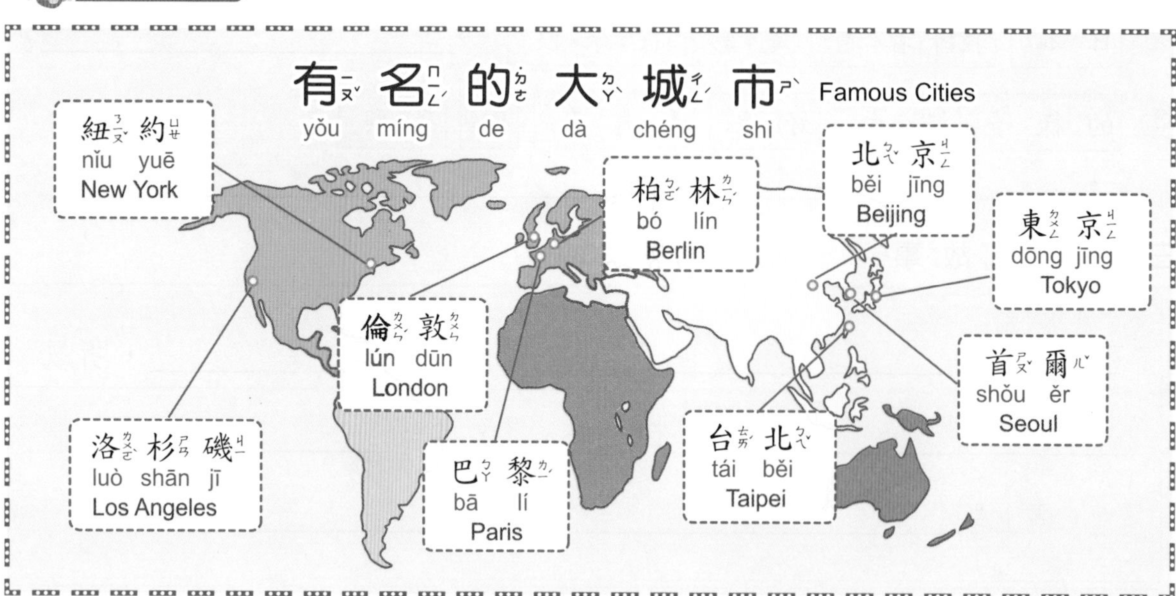

第十一課 世界地圖 A World Map

shì jiè dì tú

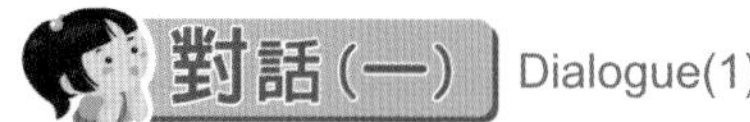

Dialogue(1)

下星期的地理課，老師要我們介紹不同的國家，你要介紹哪一個國家？
Xià xīng qí de dì lǐ kè, lǎo shī yào wǒ men jiè shào bù tóng de guó jiā, nǐ yào jiè shào nǎ yí ge guó jiā?

The geography teacher wants us to introduce different nations next week, so which one will you introduce?

我當然要介紹法國嘍，我每年暑假都去巴黎看我爸爸。
Wǒ dāng rán yào jiè shào fǎ guó lou, wǒ měi nián shǔ jià dōu qù bā lí kàn wǒ bà ba.

I will introduce France. I go to Paris every summer vacation to see my Father.

我阿姨現在在韓國做生意，我可能介紹韓國。
Wǒ ā yí xiàn zài zài hán guó zuò shēng yì, wǒ kě néng jiè shào hán guó.

My aunt is in Korea right now doing business. I might introduce Korea.

你阿姨不是在臺灣嗎？
Nǐ ā yí bú shì zài tái wān ma?

Isn't your aunt in Taiwan?

她本來在臺灣，最近剛被派到韓國去工作。
Tā běn lái zài tái wān, zùi jìn gāng bèi pài dào hán guó qù gōng zuò.

She was in Taiwan, but she recently got sent to Korea for her job.

我去年夏天去過義大利，那裡有很多古蹟，也有很多好吃的食物。
Wǒ qù nián xià tiān qù guò yì dà lì, nà lǐ yǒu hěn duō gǔ jī, yě yǒu hěn duō hǎo chī de shí wù.

I went to Italy last summer. There are many historical monuments and a lot of delicious foods.

字與詞 Words and Phrases

世界	shì jiè	world	做生意	zuò shēng yì	do business	去年	qù nián	last year
地圖	dì tú	map	可能	kě néng	probably; maybe	義大利	yì dà lì	Italy
地理	dì lǐ	geography	本來	běn lái	originally	古蹟	gǔ jī	historical monuments
巴黎	bā lí	Paris	剛	gāng	only just; just now	食物	shí wù	food
韓國	hán guó	Korea	派	pài	send; assign	好吃	hǎo chī	delicious
生意	shēng yì	business						

光碟有更多例句介紹

對話（二） Dialogue(2)

現在我們請每位同學來介紹一個國家。
Xiàn zài wǒ men qǐng měi wèi tóng xué lái jiè shào yí ge guó jiā.

Now let's have each student introduce a country.

我要介紹的是義大利。義大利的首都是羅馬，羅馬有很久的歷史，所以到處都有古蹟，其中最有名的是競技場。
Wǒ yaò jiè shào de shì yì dà lì. yì dà lì de shǒu dū shì lúo mǎ, lúo mǎ yǒu hěn jǐu de lì shǐ, suǒ yǐ dào chù dōu yǒu gǔ jī, qí zhōng zùi yǒu míng de shì jìng jì chǎng.

I want to introduce Italy. The capital city of Italy is Rome, and it has a long history, so there are historical monuments everywhere. The most famous one is the Colosseum.

我介紹的國家是法國，這張照片是我在羅浮宮照的，羅浮宮裡有很多偉大的藝術作品，這張就是「蒙娜麗莎的微笑」。

Wǒ jiè shào de guó jiā shì fǎ guó zhè zhāng zhào piàn shì wǒ zài lúo fú gōng zhào de lúo fú gōng lǐ yǒu hěn duō wěi dà de yì shù zuò pǐn zhè zhāng jìu shì méng nà lì shā de wéi xiào

I want to introduce France. This is a picture of me at the Louvre Museum. The Louvre has many great works of art. This is the “Mona Lisa”.

我要介紹的是韓國，這張照片是他們結婚的時候，穿著傳統的衣服照的。這張是韓國有名的泡菜，聽說非常辣。

Wǒ yào jiè shào de shì hán guó zhè zhāng zhào piàn shì tā men jié hūn de shí hòu chuān zhe chuán tǒng de yī fu zhào de zhè zhāng shì hán guó yǒu míng de pào cài tīng shuō fēi cháng là

I want to introduce Korea. This is a picture when Korean get married. They wear traditional clothing when they take the picture. This is a picture of kimchi, a very famous Korean food, which is quite spicy.

你們的報告都很有趣，我們可以認識不同國家的文化和習慣。

Nǐ men de bào gào dōu hěn yǒu qù wǒ men kě yǐ rèn shì bù tóng guó jiā de wén huà hàn xí guàn

All of your reports were quite interesting. We can get to know the various cultures and customs of different countries.

字與詞 Words and Phrases

首都	shǒu dū	capital city
歷史	lì shǐ	history
競技場	jìng jì chǎng	Colosseum
羅浮宮	lúo fú gōng	the Louvre Museum
藝術	yì shù	art
作品	zuò pǐn	works
蒙娜麗莎的微笑	méng nà lì shā de wéi xiào	"Mona Lisa"
微笑	wéi xiào	smile
傳統	chuán tǒng	tradition
泡菜	pào cài	kimchi
辣	là	hot; spicy
請	qǐng	to request; to ask; to please
到處	dào chù	at all places; everywhere
其中	qí zhōng	among (which; them; etc.); in (which; it; etc.)
有名	yǒu míng	well-known; famous
結婚	jié hūn	to marry
穿	chuān	to wear; to put on
非常	fēi cháng	very

句型 Syntax

1 不是……嗎？

你不是打算去旅行嗎？為什麼還在家裡？
Nǐ bú shì dǎ suàn qù lyǔ xíng ma? wèi shén me hái zài jiā lǐ?

你不是學過這個字嗎？為什麼不會寫？
Nǐ bú shì xué guò zhè ge zì ma? wèi shén me bú hùi xiě?

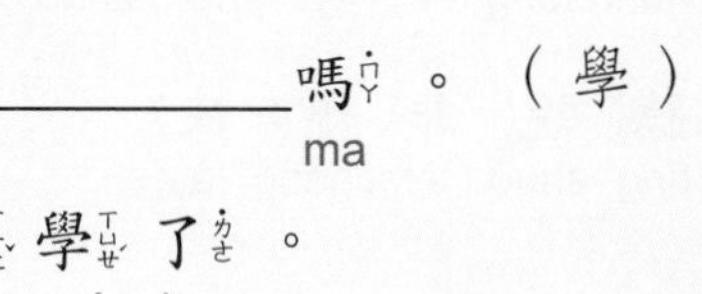

A：你不是要____________嗎。（學）
Nǐ bú shì yào ... ma

B：太累了，我不想學了。
Tài lèi le, wǒ bù xiǎng xué le.

2 好V

爸爸買的機器人很好玩。
Bà ba mǎi de jī qì rén hěn hǎo wán.

這個椅子看起來不好坐。
Zhè ge yǐ zi kàn qǐ lái bù hǎo zuò.

這個芒果看起來好像____________。（吃）
Zhè ge máng guǒ kàn qǐ lái hǎo xiàng

3

難 V

媽媽買的葡萄太酸了，很難吃。
Mā ma mǎi de pú táo tài suān le hěn nán chī

法國菜很難做。
Fǎ guó cài hěn nán zuò

用毛筆寫字，________________。（寫）
Yòng máo bǐ xiě zì

動腦時間 Brainstorming

一.你來填填看 Try to Fill in the Blank!

1. 羅浮宮已經有很久的______________（history）。
2. 那家超級市場的______________（business）很好。
3. 台北有一些有名的______________（historical monuments）。
4. 他們還沒______________（decide）什麼時候結婚。
5. 聖誕節的時候吃火雞是一種______________（traditional）的習慣。

二.重組 Reorganize

1. 都是 | 台北 | 車 | 到處 → ________________________。
2. 很多 | 我 | 地方 | 去過 ，最有趣的 | 其中 | 是 | 台北 | 地方
→ ____________________________________。
3. 去看電影 | 不 | 我 | 打算 | 本來 ，可是 | 去了 | 決定 | 現在
→ ____________________________________。

三.看圖說故事 Look at Pictures and Tell a Story

丁文和家人____________________。到了日本，看到____________
____________，還有很多女孩____________________，也吃了________
____________________。

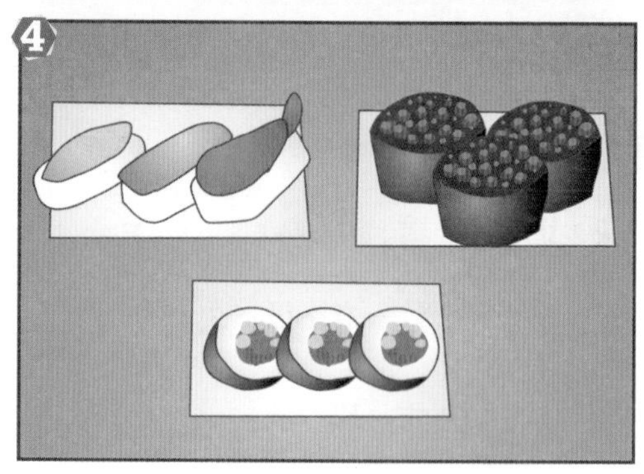

四.介紹一次最有趣的旅行 Introduce Your Most Interesting Travel Experience

今年夏天，我和家人＿＿＿＿＿＿＿＿＿＿＿＿＿＿＿＿＿＿＿＿

＿＿＿＿＿＿＿＿＿＿＿＿＿＿＿＿＿＿＿＿＿＿＿＿＿＿＿＿＿＿

＿＿＿＿＿＿＿＿＿＿＿＿＿＿＿＿＿＿＿＿＿＿＿＿＿＿＿＿＿＿

＿＿＿＿＿＿＿＿＿＿＿＿＿＿＿＿＿＿＿＿＿＿＿＿＿＿＿＿＿。

實物閱讀 Practical Reading

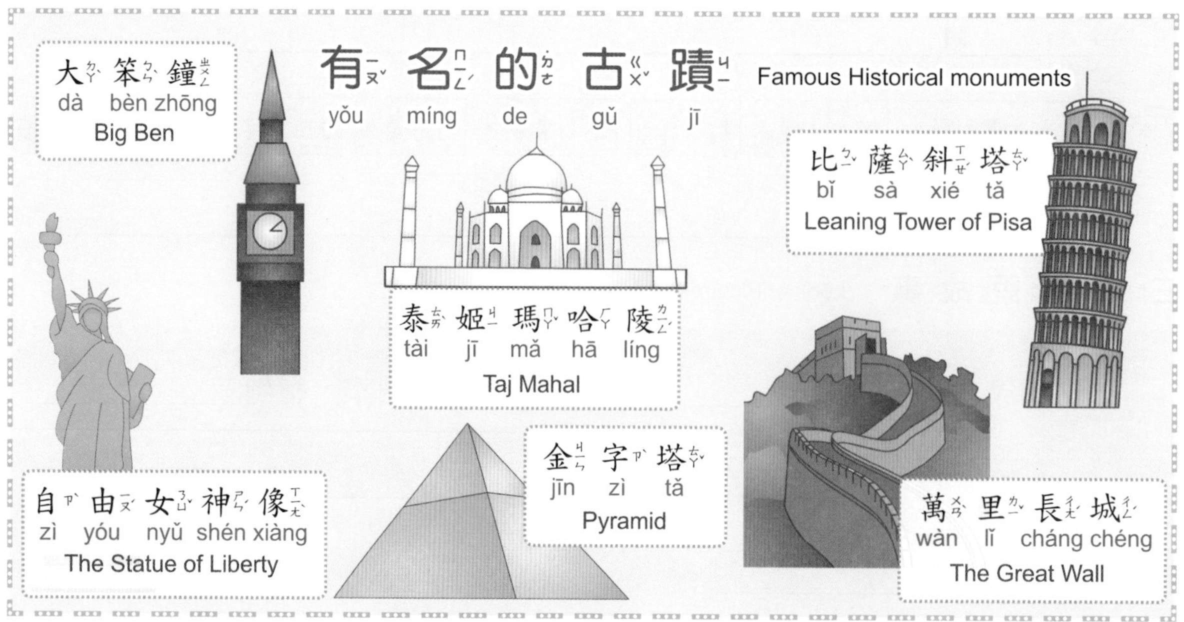

第十二課 端午節的由來 The Origin of the Dragon Boat Festival

duān wǔ jié de yóu lái

看故事學華語 Reading Stories to Learn Chinese

一・端午節的由來 The Origin of the Dragon Boat Festival(1)

duān wǔ jié de yóu lái

農曆的五月五日是端午節，端午節是為了紀念愛國詩人屈原。屈原本來是皇帝最寵愛的大臣，因為他反對貪污，所以得罪了不少人。後來皇帝聽了一些壞大臣的話，就把屈原趕出了楚國。

Nóng lì de wǔ yuè wǔ rì shì duān wǔ jié, duān wǔ jié shì wèi le jì niàn ài guó shī rén qū yuán. qū yuán běn lái shì huáng dì zùi chǒng ài de dà chén, yīn wèi tā fǎn dùi tān wū, suǒ yǐ dé zùi le bù shǎo rén. hòu lái huáng dì tīng le yì xiē huài dà chén de huà, jìu bǎ qū yuán gǎn chū le chǔ guó.

在屈原三十七歲那一年，他跳進了汨羅江。人們知道屈原是忠臣，就趕到河邊去救他，大家划著船找他，可是一直都沒找到。

Zài qū yuán sān shí qī sùi nà yì nián, tā tiào jìn le mì lúo jiāng. rén men zhī dào qū yuán shì zhōng chén, jìu gǎn dào hé biān qù jìu tā, dà jiā huá zhe chuán zhǎo tā, kě shì yì zhí dōu méi zhǎo dào.

The Dragon Boat Festival celebrated on the 5th day of May of the lunar calendar to commemorate the life of famous patriotic poet Qu Yuan. Qu Yuan was originally the Emperor's most beloved minister. He offended many people because he was so opposed to corruption. Soon, some corrupt ministers plotted an evil conspiracy against Qu Yuan, and the result was Qu Yuan got expelled from the Chu kingdom by the emperor. At the age of 37, he jumped into the Mi Luo River (a place where two rivers converge in present day Hunan Province). Everyone knew he was a loyal minister and row their boats out to search him, but Qu Yuan had never been found.

字與詞 Words and Phrases

詞	拼音	English
端午節	duān wǔ jié	the Dragon Boat Festival
由來	yóu lái	source
農曆	nóng lì	the lunar calendar
為了	wèi le	for
紀念	jì niàn	to commemorate
愛國	ài guó	be patriotic
詩人	shī rén	poet
屈原	qū yuán	Qu Yuan
寵愛	chǒng ài	love ardently; dote on; beloved
大臣	dà chén	minister
反對	fǎn dùi	be against
貪污	tān wū	corruption
得罪	dé zùi	to offend
壞	huài	bad
趕出	gǎn chū	to expel
楚國	chǔ guó	Chu Guo
歲	sùi	years
汨羅江	mì lúo jiāng	river's name
江	jiāng	river
忠臣	zhōng chén	loyal minister
趕	gǎn	to expel
河邊	hé biān	riverside
河	hé	river
救	jìu	to rescue
划	huá	to row
船	chuán	boat
一直	yì zhí	all along

二、端午節的由來 The Origin of the Dragon Boat Festival (2)

duān wǔ jié de yóu lái

當人們在江中找不
Dāng rén men zài jiāng zhōng zhǎo bú

到屈原的時候，有一個
dào qū yuán de shí hòu yǒu yí ge

人夢到魚正在吃屈原的
rén mèng dào yú zhèng zài chī qū yuán de

身體。當地的人們為了
shēn tǐ dāng dì de rén men wèi le

不要讓屈原的身體被魚
bú yào ràng qū yuán de shēn tǐ bèi yú

吃掉，所以想到了一個
chī diào suǒ yǐ xiǎng dào le yí ge

方法，就把煮熟的米飯
fāng fǎ jiù bǎ zhǔ shóu de mǐ fàn

用竹葉包起來，丟到河
yòng zhú yè bāo qǐ lái dīu dào hé

中餵魚。
zhōng wèi yú

他們想要是魚的肚
Tā men xiǎng yào shì yú de dù

子不餓，就不會吃屈原
zi bú è jìu bú hùi chī qū yuán

的身體了。於是在每一
de shēn tǐ le yú shì zài měi yì

年的端午節就有划龍舟
nián de duān wǔ jié jiu yǒu huá lóng zhōu

和吃粽子的習俗。
hàn chī zòng zi de xí sú

When people could not find Qu Yuan in the river, one person dreamed of fish eating the body of Qu Yuan. To keep the fish from eating his body, the local people thought of a solution. They wrapped cooked rice in bamboo leaves and threw it into the river to feed the fish. They thought that if the fish stopped feeling hungry, then they wouldn't eat the body of Qu Yuan, thus every year during the Dragon Boat Festival, there are customs of dragon boats rowing and people eating zongzi.

字與詞 Words and Phrases

當	dāng	while
夢到	mèng dào	to dream
魚	yú	fish
正在	zhèng zài	in process of
當地	dāng dì	in the locality
讓	ràng	let
吃掉	chī diào	eat off
煮	zhǔ	to cook
熟	shóu	cooked; done
米飯	mǐ fàn	rice
竹葉	zhú yè	bamboo leaf
包起來	bāo qǐ lái	pack up
丟到	dīu dào	throw to
餵	wèi	to feed
要是	yào shì	if
肚子	dù zi	belly
龍舟	lóng zhōu	dragon boat
粽子	zòng zi	rice wrapped in bamboo or reed leaves
習俗	xí sú	custom; convention

句型 Syntax

1 當…的時候

當爸爸開車的時候，不要跟他說話。
Dāng bà ba kāi chē de shí hòu, bú yào gēn tā shuō huà.

當聖誕節快來的時候，大家都開始準備禮物。
Dāng shèng dàn jié kuài lái de shí hòu, dà jiā dōu kāi shǐ zhǔn bèi lǐ wù.

當 ______________，他喜歡玩機器人。
Dāng ______________, tā xǐ huān wán jī qì rén.

2

正在

我去找他的時候，他正在上課。
Wǒ qù zhǎo tā de shí hòu tā zhèng zài shàng kè

他正在睡覺，你不要叫他。
Tā zhèng zài shùi jiào nǐ bú yào jiào tā

我看到他的時候，他 ____________________。
Wǒ kàn dào tā de shí hòu tā

3

用

中國人習慣用筷子吃飯。
Zhōng guó rén xí guàn yòng kuài zi chī fàn

小孩不會 用毛筆寫字。
Xiǎo hái bú hùi yòng máo bǐ xiě zì

他 ____________________。（包）
Tā

動腦時間 Brainstorming

一.你來填填看 Try to Fill in the Blank!

1. 媽媽總是 ______________（love ardently）最小的孩子。
2. 他爸爸 ______________（be against）他跟那個女孩結婚。
3. 端午節的時候吃粽子是中國人的 ______________（custom; convention）。
4. 他說話不客氣，所以 ______________（offend）了很多人。
5. 你知道聖誕節的 ______________（source）嗎？

二.看圖連連看
Make Connections by Looking at Pictures

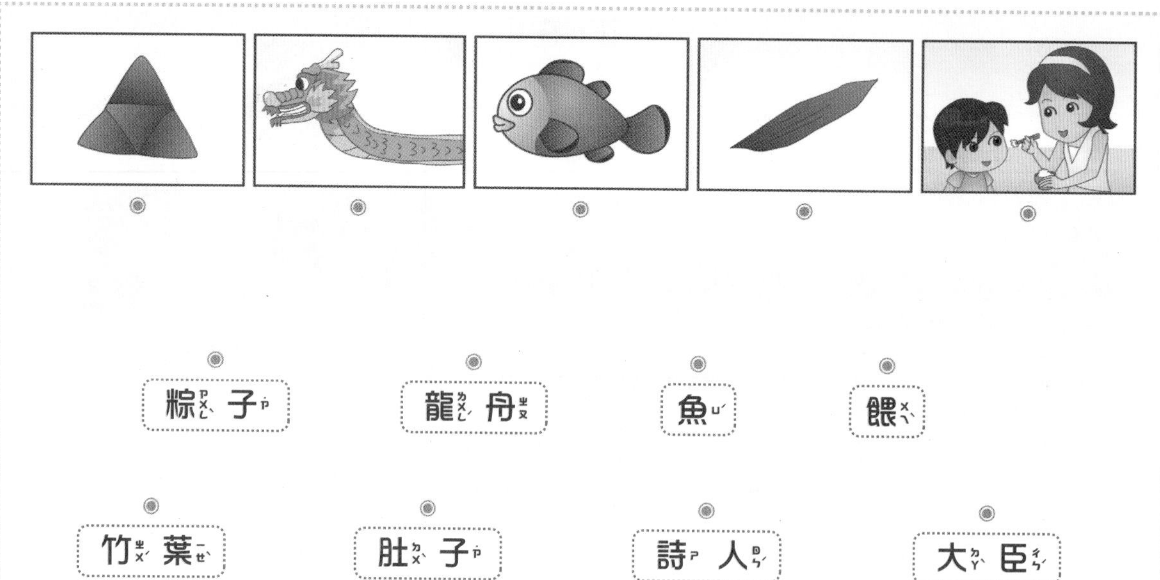

三.看圖說故事 - 木偶奇遇記
Look at Pictures and Tell a Story: Pinocchio's Daring Journey

壞人把＿＿＿＿＿＿＿＿＿＿＿＿＿＿＿＿＿＿＿＿＿＿＿＿＿＿＿＿＿＿。

小木偶不小心＿＿＿＿＿＿＿＿＿＿＿＿＿＿＿＿＿＿＿＿＿＿＿＿＿＿＿＿＿＿。

前面忽然有＿＿＿＿＿＿＿＿＿＿，把＿＿＿＿＿＿＿＿＿＿＿＿＿＿＿＿。

小木偶看到＿＿＿＿＿＿＿＿＿＿＿＿＿＿＿＿＿＿＿＿＿＿＿＿＿＿＿＿＿＿。

實物閱讀 Practical Reading

中國的節日 Chinese Festivals
zhōng guó de jié rì

中秋節
zhōng qīu jié
Mid-Autumn Festival (Moon Festival)

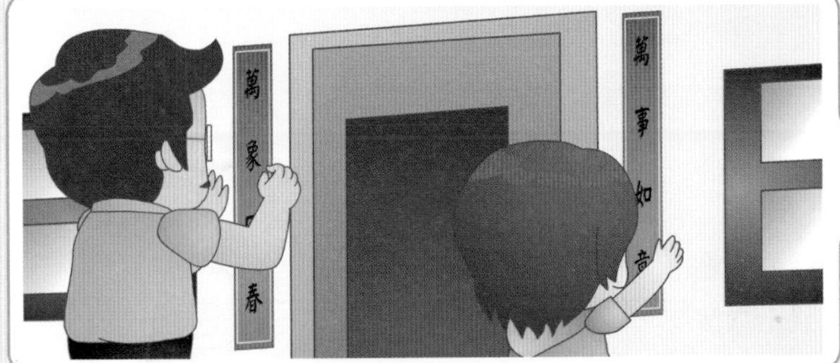

春節
chūn jié
The Spring Festival

清明節
qīng míng jié
The Clear and Bright Festival (Tomb Sweeping Festival)

中元節
zhōng yuán jié
Zhongyuan Pudu. The ceremonial offering in Taiwan during the 15th day of the July of the lunar calendar in which most people make offerings and prayers to their ancestors.

國家圖書館出版品預行編目資料

快樂學華語：僑教雙週刊快樂學華語合輯書／陳懷萱，盧翠英撰寫
——第一版——臺北市：僑委會，民97.12- 冊；21*29.7公分
中英對照
注音版
ISBN 978-986-01-6577-7（平裝附光碟片）.——
ISBN 978-986-02-1018-7（第2冊：平裝）

1.漢語教學 2.讀本 3.學前教育 4.小學教學
523.23 97023564

僑教雙週刊快樂學華語合輯書(二)

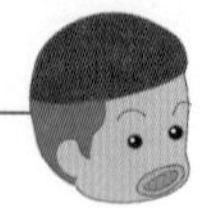

發行：中華民國僑務委員會
發行人：吳英毅
指導：葉德明教授
撰寫：陳懷萱老師
　　　盧翠英老師
設計：陸鋒科技
出版機關：中華民國僑務委員會
地址：台北市徐州路五號十六樓
電話：(02)2327-2600
網址：http://www.ocac.gov.tw
本書另有電子版本置於「全球華文網」(http://www.huayuworld.org)
及「全球華文網路教育中心」(http://edu.ocac.gov.tw)
出版年月：中華民國九十八年十二月初版
版次(刷)次：中華民國一百年一月初版二刷
定價：120元

展售處(提供網路訂購服務)：
國家書店松江門市　地址：台北市松江路209號
電話：02-2518-0207　網址：www.govbooks.com.tw

五南文化廣場　地址：台中市中山路6號
電話：04-2226-0330　網址：www.wunanbooks.com.tw

承印：仁翔美術印刷股份有限公司
GPN：1009803669
ISBN：978-986-02-1018-7